空から宝ものが降ってきた！

雪の力で未来をひらく

伊藤親臣

旬報社

なくしたものは取り返せない。
でも、忘れたものは思い出せばいい。
かつて、この国には
雪とともに生きる知恵がありました。
そこに現代の雪の技術を合わせたら、
きっと新しい雪国が生まれるはずです。

もくじ

プロローグ――先人の想いを受け継いで

みなさんは「利雪《りせつ》」という言葉をご存知《ぞんじ》ですか？　文字通り「雪を何かに利用すること」を意味します。利雪を仕事にしている僕自身も、大学に入るまで知らない言葉でした。そもそもスキーやスノーボードで雪を楽しむことはあっても、雪を利用することは思いもつきませんでした。けれど、日本の利雪技術は、現在、世界から注目されています。雪をためておき、冷やすためのエネルギーとして活用するのです。日本国内に降る雪の〇・二パーセントをエネルギー利用すると、一〇〇万キロワットの発電所一五基分になるとの試算もあるほど、雪は大きな可能性を秘《ひ》めた資源《しげん》なのです。

もともと、日本は世界の国々と比較《ひかく》すると、国土の半分に雪が降り、そこに人が住むという

特別な国です。ほとんどの国はこれほど雪が降らないか、降る場所に人が住み着きませんでした。けれど、日本ははるか昔から雪の降る地域に人が住み、雪とともに暮《く》らしてきました。

なぜそのような地域に住んだのでしょう？

狩《か》りをするとき、雪があれば足跡《あしあと》を見つけやすく簡単《かんたん》に獲物《えもの》をつかまえられたから？　雪が天然の要塞《ようさい》となり、侵入者《しんにゅうしゃ》を防ぐことができたから？　食品を保存《ほぞん》するときに効果があることを知っていたから？　いやいや、食べるとひんやりしておいしかったからでは？　いろいろ想像をめぐらすのは楽しいものですが、じつは本当の理由はいまもわかっていません。しかし、私たちの祖先は冬の厳しい雪国で生き抜くために、雪と上手に付き合い、理解し、受け入れて暮《く》らしていたのだと思います。

いま、雪をエネルギーとして活用する最新の利雪技術も、その原点にあるものは昔と変わりません。自然の摂理《せつり》を理解し、上手に利用し、共生する。そんな古来《こらい》からの日本人の自然に対する知恵の結晶《けっしょう》なのです。

昔から雪国では、冬にたくさん降る雪を涼《すず》しい場所に置いて夏まで保存《ほぞん》し、さまざまなことに利用してきました。雪をためておくその部屋を「雪室《ゆきむろ》」といいます。これも利雪のひとつです。本書の初めに実際の雪室をご紹介しましょう。

新潟県上越市《にいがたけんじょうえつし》の歴史あるワイナリー「岩《いわ》の原葡萄園《はらぶどうえん》」。ここが開かれたのは一八九〇年（明治二三年）。地元の大地主だった川上善兵衛《かわかみぜんべえ》翁《おう》が、自宅の庭にぶどうを植えたことによって始まりました。

※翁＝老人を敬《うやま》うときの表現

この地域は全国に知られる米どころで、昔から米づくりが盛《さか》んにおこなわれていました。ただし、お米の収穫《しゅうかく》は年に一回きり。いったん天候が不順になると、たちまち稲がダメになります。当時、まともに米ができるのは三年に一度と言われていました。農民は食べていくことさえ厳《きび》しい生活だったのです。そこで善兵衛《ぜんべえ》は、貧しい小作人を救うため、新しい事業を起こそうと考えるようになります。

ときは明治維新《めいじいしん》。開国したばかりの日本には、アメリカやヨーロッパからさまざまな西洋文化が入ってきました。ワインもそのひとつ。善兵衛《ぜんべえ》は、ぶどうは荒《あ》れた土地でも育つと聞き、「新しい時代の酒をつくろう。この地域を豊かにしよう」と、ワインの製造を始めたのです。

善兵衛《ぜんべえ》が生まれ育った川上家は、広大な敷地《しきち》を持ち、代々庄屋《しょうや》や村長をつとめていた地元の名家《めいか》でした。幕末から明治にかけては明治維新《めいじいしん》の立役者《たてやくしゃ》たちとも交流があり、中でも勝海舟《かつかいしゅう》に大きな影響《えいきょう》を受けたといいます。善兵衛《ぜんべえ》は勝海舟《かつかいしゅう》を訪ねてワインを飲み、新しい事業としてワイン用ぶどうづくりのヒントを得ました。そして、自分の土地やお金をなげうって、ワインづくりに没頭《ぼっとう》していきます。


実際、ぶどうは日本の気候風土に合わず、なかなかよいものができませんでした。それでもあきらめず努力を続け、一万回もの品種交雑《ひんしゅこうざつ》の末、「マスカット・ベーリーA」など優良な二二品種をつくることに成功するのです。これらのぶどうは、いまも日本中でつくり続けられています。美味しい日本ワインが飲めるようになったのは善兵衛《ぜんべえ》のおかげなのです。この功績《こうせき》から彼は「日本のワインぶどうの父」とも呼《よ》ばれています。

岩の原葡萄園《いわのはらぶどうえん》には、善兵衛《ぜんべえ》が明治時代に建てた二つの石蔵《いしぐら》が残っています。「第一号石蔵《いしぐら》」は、山の湧《わ》き水から冷気を取り込《こ》む冷気隧道《れいきずいどう》（トンネル）がある貯蔵庫《ちょぞうこ》。「第二号石蔵《いしぐら》」は、雪室の付いた貯蔵庫《ちょぞうこ》です。

さてここからが、いよいよ本題です。この第二号石蔵《いしぐら》こそ、僕が紹介したかったものです。ワインは製造の途中《とちゅう》で発酵《はっこう》が進むと、温度が上がります。でも、上がりすぎると、よいワインはできません。最初に善兵衛《ぜんべえ》は冷気隧道《れいきずいどう》を掘り、第一号石蔵《いしぐら》をつくりましたが、思ったほど温度が下がりませんでした。このままでは、良質なワインができない……。そこで彼が思いついたのが、豪雪地《ごうせっち》であることを活かした雪室付きの石蔵《いしぐら》です。雪をためておく倉庫を付けた第二号石蔵《いしぐら》は、半地下構造になっているため、外の気温の影響《えいきょう》を受けにくく、一年を通して温度が安定します。さらに、ワインを仕込《しこ》む秋は、樽《たる》を冷やして発酵《はっこう》温度を調整する必要があります。そのとき、雪室にためた雪で樽《たる》を直接囲み、温度を下げたのです。電気冷蔵などない時代、雪室のおかげでおいしい日本ワインができるようになりました。

それから長い時間がたち、雪室は利用されなくなりました。電気の冷蔵装置《そうち》が登場し、雪がいらなくなったからです。けれど、時代は少しずつエコロジーな方向へと変わっていました。

昔のままの第二号石蔵(上)と、新しくつくられた雪室(左)。雪どけ水を使って蔵全体を冷やす仕組み。

「一〇〇年ぶりに、善兵衛《ぜんべえ》の意志を継いで雪室の機能復元をしたい」。あるとき、岩の原葡萄園《いわのはらぶどうえん》の萩原健一《はぎわらけんいち》社長(当時)から相談を受けました。驚《おどろ》きと同時にとても光栄に思いました。

僕が雪冷蔵システムの設計を手がけ、二〇〇五年に完成させた新しい雪室は、雪が三三〇トン入る建物です。善兵衛《ぜんべえ》のつくった第二号石蔵《いしぐら》の隣《となり》に建て、雪どけの冷水を利用して石《いし》蔵《ぐら》全体を冷やしています。雪室の中の気温は、雪が満タンに入っているときで三〜四度。雪がとけて減ってしまう秋でも一〇度以下で、真夏に半袖《はんそで》で入ると、ブルブル震《ふる》えるくらいです。

第二号石蔵《いしぐら》は、昔のままの空間にワイン樽《たる》がずらりと並《なら》べられていますが、一年を通じてほぼ一七度に保たれています。かつての雪室は雪を置いているだけでしたが、新しい雪室では雪をため、とけた冷水を循環《じゅんかん》させることで、安定的に温度をコントロールすることができます。

この仕事を通じ、川上善兵衛《かわかみぜんべえ》という人を知れば知るほど、僕は胸《むね》を打たれました。彼は、豪雪地《ごうせっち》というハンディをものともせず、さまざまな創意工夫《そういくふう》で数々の困難《こんなん》を乗り越えていったのです。

善兵衛《ぜんべえ》がつくった雪室の石蔵《いしぐら》は、一〇〇年前の貴重な近代産業遺産といっていいでしょう。これを見ただけで、彼の本気さが伝わります。そして、明治時代に雪を上手に活用していたことがわかるのです。僕はこのぶどう園で、善兵衛《ぜんべえ》の想いをつなぐ雪室をつくることができたことを誇りに思います。

いま、利雪をおこなう〝雪のエンジニア〟たちは、雪を新たな資源としてとらえ、さまざまな活用法を探《さぐ》っています。利雪技術において日本は世界の先頭を走っていて、その取り組みは海

川上《かわかみ》 善兵衛《ぜんべえ》さんと岩の原ワイン

川上善兵衛は雪という自然の恵みを利用し、
日本におけるワインづくりを確立させた。

外でも注目されています。

けれど、じつは日本には川上善兵衛《かわかみぜんべえ》のような利雪の先駆者《せんくしゃ》がたくさんいて、ハンディを乗り越え、雪を生かす取り組みをしてきたのです。そうした先人たちの情熱を受け継ぎ、さらに積極的に雪に光を当てていきたい。本書では、僕がそんな想いで取り組んできた雪利用の話を紹介していきます。

1章

雪はじゃまもの？

いまどきの雪国暮らし

冬じたくが始まった

僕が暮《く》らす新潟県上越市安塚区《にいがたけんじょうえつしやすづかく》は、日本有数の豪雪地《ごうせっち》です。冬の間、二〜四メートルもの雪が降り積もるこのまちでは、秋の紅葉シーズンが終わると、みんな大急ぎで冬じたくを始めます。

「タイヤ、替《か》えた?」という言葉が、この時期のあいさつがわり。雪国で暮《く》らす人ならわかるでしょうが、生活に車が欠かせない地域《ちいき》では、雪が降る前に夏タイヤからすべりにくい冬タイヤ(スタッドレスタイヤ)にはき替《か》えなくてはいけません。道路に雪が積もったりすると車がスリップしてとても危険《きけん》です。それ以外にも冬用のワイパーにつけ替《か》えたり、車に積もった雪をはらい落とすスノーブラシを準備したり、やることがいくつもあります。

車だけではありません。「雪囲《ゆきがこ》い」といって、家の周囲に大きな板を立てるのです。そうしないと屋根に降り積もった雪がどんどん落下して、こんどは家の窓ガラスを圧迫《あっぱく》し、割《わ》ってしま

新潟の豪雪地帯では、ひと晩で1メートルもの雪が積もる。

うからです。また、庭や公園の木には、雪の重みで折れないよう、柱を立てて縄《なわ》で枝を支えておく「雪吊《ゆきつ》り」もします。

雪が降るとあたりすべてが白くおおわれてしまうため、外の見回りも重要です。うっかり片《かた》づけ忘れると、春になって驚《おどろ》くようなことがたびたび起こります。いつだったか僕は、ベランダに物《もの》干《ほ》し竿《ざお》を出したまま、ひと冬を過ごしてしまいました。

冬の間、ベランダは雪に埋《う》もれ、洗濯物《せんたくもの》は室内に干すので、その存在《そんざい》すら忘れていたのです。春になって雪がとけ、ベランダでぐにゃりと曲がった物干《ものほ》し竿《ざお》を発見したときには、「あ～あ、しくじった」とにが笑いしてしまいました。そう、人の手では絶対に曲げられないものを曲げてしまうほど雪は力持ちなのです。

だから、雪国の人たちはしっかりと冬を迎《むか》える段取《だんど》りをします。

もし雪に閉《と》ざされても、しばらくは出かけなくてもいいように食料をたっぷり準備したり、防寒服や防寒長靴をそろえたり、雪おろしをするための道具も用意します。どれひとつおろそかにはできないし、めんどうくさいなんて言っていられません。

常夏《とこなつ》の国なら、年中パンツ一枚(?)で過ごせるかもしれません。でも、雪が降る寒い土地では準備をしないと、大げさではなく、命にかかわります。冬じたくはこの土地で生きていくために当たり前のこと。人びとは準《じゅんび》備万端《ばんたん》整えて、雪が降るのを待っているのです。

空に穴があいた!

安塚《やすづか》にある一番高い山、菱ケ岳《ひしがたけ》は標高一一二九・一メートル。まちのどこからでも見えるこの山が、三回雪化粧《ゆきげしょう》すると、次は里に降ってくると言われます。これは昔からの言い伝えで、雪国の生活の知恵です。

似たような言い伝えはほかの地域にもあって、お隣《となり》の妙《みょう》高《こう》市《し》にある妙《みょう》高《こう》山《さん》では、雪がとけて馬の跳《は》ねている形が山肌《やまはだ》に浮《う》き上がると種まきの時期が来た合図だし、栗《くり》の花がたくさん咲《さ》いた年は大雪になると言われたりします。

一方、動物たちは、するどい察《さっ》知《ち》能力《のうりょく》を働かせます。たとえば、カメムシが多い年は、雪が多いといわれています。なぜならカメムシはふだん倒木《とうぼく》や木の皮などがある山にいますが、雪が深くなると山での越冬《えっとう》が難《むずか》しくなります。「ここでは生きていけそうもない」と察《さっ》したとき、里に下りてくるのだそうです。

ほかにもカマキリやミノムシは降雪《こうせつ》を予《よ》測《そく》するともいわれています。また、モズという鳥が木の枝に獲物を突き刺《さ》して食物を保存するとされる行動(「モズのはやにえ」)も有名です。生き物たちが私たち人間には気がつかない自然の微《び》妙《みょう》な動きを感じとっていると思うと不思議です。そして、雪国に住む私たちの祖先は、昆虫や動物を観察し、雪が降る時期を知ったり、その年の気候を読んだり、農作業のタイミングを見計らったりしてきたのです。

安塚《やすづか》の人たちは雪をむかえる準備が整うと、なんとなくソワソワし始めます。

「まだ降らないなあ」

「今日は降るかな……」

雪が降ると大変なのはわかっているのに、降らなければ降らないで気になってしかたない。ようやく空から雪が舞《ま》い始めると、人びとは腹をくくります。例年なら一二月初めに初雪が降り、とけたり降ったりを繰《く》り返し、何回か降ると根雪《ねゆき》となり、春まで真っ白な世界が続きます。

安塚《やすづか》の積雪量は、多い日でひと晩に一メートルを超《こ》える日もあります。地元の人は慣れているとはいえ、さすがにそれほどの雪が数日続くと大変です。

朝、出かけようとしても玄関《げんかん》に雪が積もっていてドアが開かない。そんなときは意を決して雪かきの道具を持ち、雪用の〝完全武装〟でどうにか外に出ていきます。やわらかい雪を踏《ふ》みかためて圧縮《あっしゅく》し、なんとか道をつくらなければなりません。こういうときは道路の除雪も追いつかないため、車を移動することさえできず、スノーシュー（雪靴）をはいて職場まで出かけたこともありました。

僕は安塚《やすづか》に住んで一五年以上になりますが、過去に数回、大雪によって、国が特別に被災者の救助《きゅうじょ》や支援《しえん》をする「災害救助法《さいがいきゅうじょほう》」が適用されたことがありました。三日三晩雪が降り続け、まさに「空に穴があいてしまったのでは？」と思うほどでした。

車を出そうと雪かきしても、一周回って元の場所に戻ってきたらまた降り積もっている。雪かきを何度しても終わらない、とてつもない量です。地元の人たちもさすがに困《こま》った顔をしていましたが、それでも除雪体制が整っている安塚《やすづか》では地域の交通がマヒすることはほとんどありませんでした。

これが東京ならば、わずか数センチでも雪が降ると交通はマヒしてしまうでしょう。そんなニュースを見るたびに雪国の人たちは都会のことを心配していますが、自分の町では何メートル降ってもあたりまえ。ふつうに暮らしがいとなまれるのです。

「天気予報で『降る』って言ってたから、まあ、こういうときもあるこてね～」

降りやまない雪を、たんたんと受け入れて生きているのです。

多くの人が暮らしていた雪国

じつは、これほどの豪雪地《ごうせつ》に人が住んでいるのは、世界的に見てもとてもめずらしいことだそうです。かつて、雪についての学術会議でカナダに行ったとき、安塚の話をしたところ「なぜそんなに雪の深いところに人が住んでいるの？」と地元の研究者に驚《おどろ》かれました。

カナダは寒さの厳《きび》しい土地です。でも、雪が降り積もるのはスキー場などがあるリゾート地に限られていて、人が生活している土地では、一日中マイナスの世界といった場所はあるようですが、雪はそれほど降り積もりません。

日本や世界の雪の降る都市に目を向けてみると、たとえば札幌《さっぽろ》では、ひと冬に合計すると約六メートルの降雪量があります。これは人口一〇〇万人を超える世界の都市の中ではダントツに多く、サンクトペテルブルク（ロシア）の倍以上。札幌だけでなく、雪が多い豪雪地帯《ごうせつちたい》に多くの人が暮《く》らす日本は、世界的に見ても非常にめずらしい国だとわかります。

世界の大都市における降雪量

（札幌市HPのグラフデータをもとに作成）

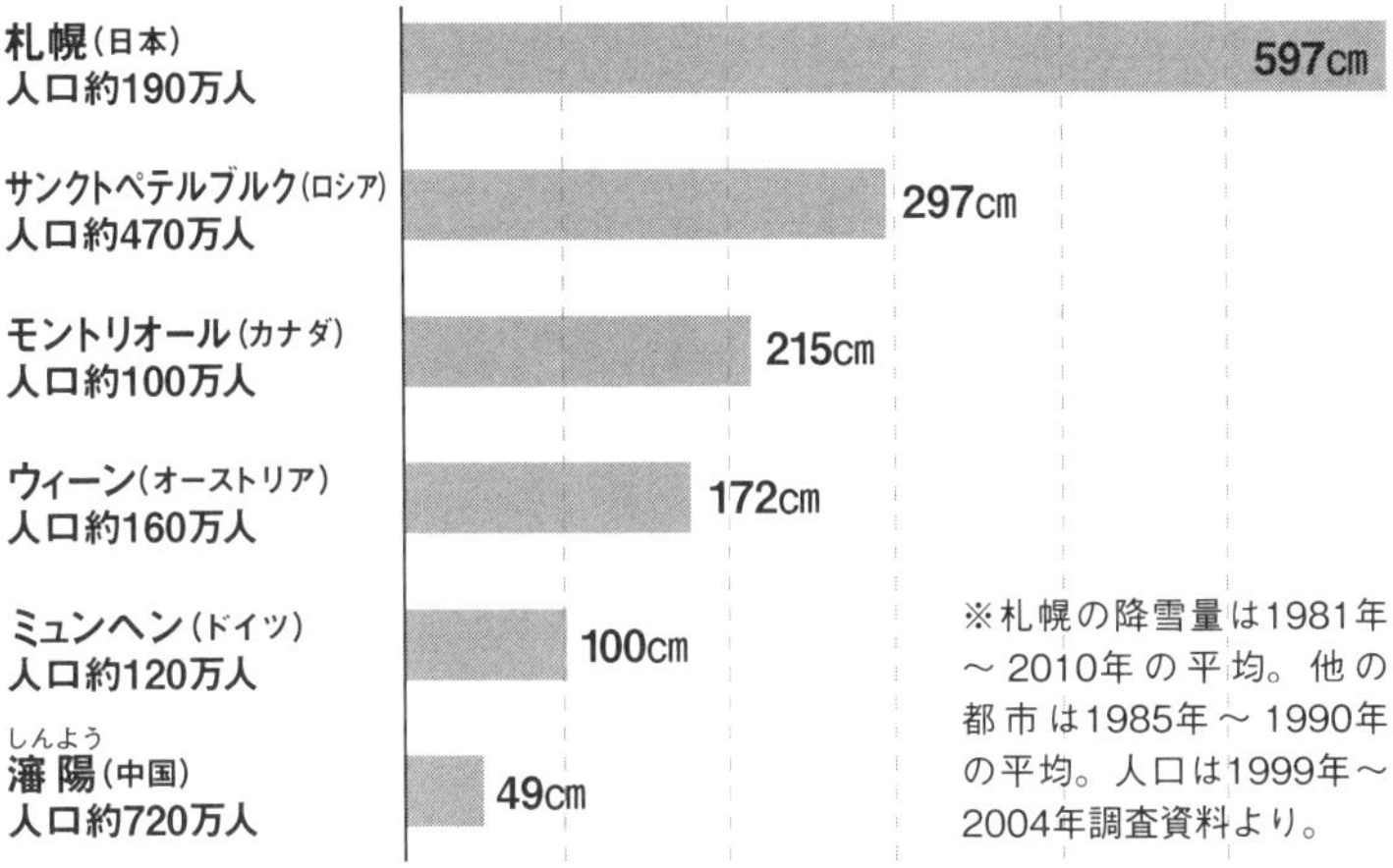

現在、日本で豪雪地帯《ごうせっちたい》に指定されている場所は国土の約半分。雪が降る地域が半分もあることに驚《おどろ》いたかもしれません。けれど、その面積に暮《く》らしているのは全人口の二割程度にすぎません。中には過疎《かそ》に悩《なや》む町や村も少なくありません。

かつて日本は農業国で、江戸から明治時代にかけては、東京の人口よりも新潟の人口が多かった時期もありました。けれど、現在では雪国の人口は減り続けています。

暮《く》らしの厳《きび》しさ、過疎化《かそか》や高齢化《こうれいか》など、さまざまな問題をかかえがちな雪国ですが、いいところはたくさんあると僕は思っています。雪どけのあと、山で最初に芽を出す山菜は最高だし、おいしいお米は、清らかな雪どけ水が豊かにあるからこそ育まれます。

名古屋生まれの僕が新潟で暮《く》らすことを決心した理由のひとつは食。初めて安塚《やすづか》をおとずれたとき、ごはん、お酒、そしてごくごく飲んだ水のおいしかったこと。食いしんぼうの僕にとっては、これは大事なポイントでした。ここなら、ずっと元気で生きていけると思ったのです。

昔から雪国の人たちは、雪の大変さをよく知って、うまく付き合いながら暮《く》らしてきました。新潟をはじめとする日本海側の地域に、もしこれほど雪が降らなければ、日本の人口はもう少しバランスよく全国に散らばっていたでしょう。雪というバリアがあることで開発の波にも乗り遅《おく》れた一方、豊かな自然が守られた土地だともいえるのです。

家が一軒買えるほどの除雪車

雪が降るのはあたりまえで、雪に閉《と》ざされるのも当たり前。しかし、そうやってしんぼう強く生きていた雪国の人たちの意識は、あるときを境に少しずつ変わっていきました。

きっかけとなったのは、一九六二～一九六三(昭和三七～三八)年の「三八豪雪《さんぱちごうせつ》」と呼《よ》ばれた大雪です。この年、日本海側に記録的な大雪が降り、鉄道は止まり、たくさんの家がつぶれるなど、甚大《じんだい》な被害が発生しました。そのため地元の政治家たちが改革《かいかく》に乗り出したのです。

ちょうど時代は世の中が豊かになろうとしていた高《こう》度《ど》経済成長期《けいざいせいちょうき》で、日本人の暮《く》らしは便利に変わろうとしていました。そんな中、「豪雪地帯対策特別措置《ごうせつちたいたいさくとくべつそち》法《ほう》」が定められました。これは、雪のために発展《はってん》から取り残されている地域《ちいき》(豪雪地帯《ごうせつちたい》)をサポートするためにつくられた法律《ほうりつ》で、道路を整備したり、除雪車を配置したりするなど、雪に対するさまざまな備えが整えられていきました。

おもな豪雪被害

三八豪雪
昭和37（1962）年12月～昭和38（1963）年３月にかけて北陸地方を中心に記録的な豪雪となった。死者228名、住家全壊753棟。

五六豪雪
昭和55（1980）年12月～昭和56（1981）年３月にかけて全国的に大雪、低温が続いた。死者133名、住家全壊165棟。

五九豪雪
昭和58（1983）年12月～昭和59（1984）年３月にかけての大雪。太平洋側でも大きな被害が出た。死者131名、住家全壊61棟。

平成一八年豪雪
平成17（2005）年12月～平成18（2006）年３月にかけて日本海側を中心に大雪がおそった。死者152名、住家全壊18棟。

■特別豪雪地帯《とくべつごうせつちたい》

■豪雪地帯《ごうせつちたい》

日本は国土の半分が豪雪地帯(532市町村)。そのうち特別豪雪地帯は201市町村となっている(2015年4月現在)。

豪雪地帯では1台が数千万円もする除雪車が活躍する。写真はロータリ除雪車。

現在、国によって定められた豪雪地帯《ごうせっちたい》は五三二市町村、そのうち、特別豪雪地帯《とくべつごうせっちたい》は二〇一市町村あります(二〇一五年四月現在)。豪雪地帯《ごうせっちたい》は年間の累積積雪量《るいせきせきせつりょう》(降雪の深さを合計したもの)が一五メートル以上の地域、特別豪雪地帯《とくべつごうせっちたい》は三〇メートル以上の地域と決められています。いずれも人の生死にかかわるほど雪が降るところですが、新潟県は全域が豪雪地帯《ごうせっちたい》、特《とく》別豪雪地帯《べつごうせっちたい》にすっぽり入ります。

これらの地域では、除雪などの費用が国から支払われます。たとえば、雪が降ると高速道路では道路に積もった雪を「グレーダー」や「タイヤローダー」と呼《よ》ばれる特殊《とくしゅ》な車両で押しのけたり、「ロータリ除雪車」で雪をかき込《こ》んで吹《ふ》き飛ばしたり、二四時間体制で大型除雪車が出動できるように準備しています。こうした車両は一台数千万円(家が一軒《いっけん》買えるくらい!)もします。また、一般道路でも同じようにタイヤローダーやロータリ除雪車が深夜から早朝にかけて活《かっ》躍《やく》し、道路を除雪しています。

しかし、除雪作業はそれだけでは終わりません。道路の脇に寄せた大量の雪を、また別の機械で集め、川に捨《す》てに行かなければならないのです。川ならどこに捨《す》ててもよいわけでなく、指定された場所に運ばなければなりません。雪を捨《す》てるのも簡単ではないのです。

新潟県上越《じょうえつし》市では、大雪のときは、除雪にかかる年間費用が約二〇億円にもおよびます。これは、機械、人件費、雪をとかす融雪剤《ゆうせつざい》などをすべて合わせた金額です。

二〇一一～二〇一二（平成二三～二四）年の「平成二四年豪雪《ごうせつ》」のときには、上越《じょうえつし》市が除雪した道路の距離《きょり》をすべて合わせると、なんと二八〇〇キロメートルにもなりました。これは、新潟県の長岡《ながおか》インターチェンジから、鹿児島《かごしま》インターチェンジまで往復できるほどの距離《きょり》です。冬の安全を確保するために、何度も何度も道路を往復して除雪する。これほど膨大《ぼうだい》なお金と時間とエネルギーをかけて雪を捨《す》てているのです。

寄せた雪は、ダンプトラックで雪捨て場まで運ぶ。たくさんのお金と手間がかかる。

このように、雪は片《かた》づける手間も費用もかかり、命の危険《きけん》さえもたらす〝じゃまもの〟というイメージがついてしまっています。しかし、その〝じゃまもの〟はじつは大きな大きな可能性を秘《ひ》めている。それを新しい資源として活用していこうというのが、僕たち〝雪のエンジニア〟がいま挑戦《ちょうせん》しているテーマなのです。

雪冷房のある学校

雪国の冬は、さまざまな技術を利用して雪を克服しようとしてきた「克雪《こくせつ》」の歴史です。除雪、融雪《ゆうせつ》(雪をとかすこと)など雪の悩《なや》みを解決する一方で、いまは雪を利用して新しい価値《かち》を生み出す「利雪《りせつ》」が進んでいます。

そのひとつが、雪をためておき、夏に冷房として使う「雪冷房」です。

僕の職場《しょくば》がある安塚《やすづか》の小学校に初めて雪冷房が入ったのは二〇〇二年のことです。

二〇〇四年には中学校にも雪冷房が導入されました。雪のエンジニアとして、僕も雪冷房システムの設計にたずさわりましたが、当時、「学校に冷房なんてぜいたくだ」という反対の声があったのも事実です。公立の小中学校で冷房が入っているところは全国的にもめずらしかったので、無理もありません。それでも雪冷房を取り入れたのは、雪国に生まれた子どもたちが、雪の恩恵《おんけい》を受けながら感性をはぐくんでいくことが大事だと当時の矢野学《やのまなぶ》町長が決断したからです。

雪国の子どもたちは冬の間、大人が毎日雪と格闘《かくとう》し、雪を処理《しょり》している姿《すがた》を見て育ちます。「また雪が降ってきた」とぼやきながらも、大人はもくもくと屋根の雪おろしなど、危険《きけん》な作業をおこないます。また、子どもたちも中学生くらいになると、一人前の大人としてスコップをたくみにあやつるようになります。

冬の安塚中学校(左)と雪冷房の入った安塚小学校の食堂(右)。

僕は、安塚《やすづか》に生まれ育った子どもたちが、「雪はたしかに大変だけど、そのおかげで快適に過ごせた」と自慢《じまん》できる学校を目指しました。小学校では食堂と厨房《ちゅうぼう》に雪冷房を導入し、夏の間、子どもたちは涼《すず》しい場所で給食が食べられるようになりました。中学校では、すべての教室に雪冷房を導入しました。いずれも冬の間に雪を雪室に入れて夏まで保管し、雪の冷たさを使って冷房しています。

中学校では太陽光発電も合わせて取り入れたため、学校の玄関に「太陽光発電所」という看《かん》板《ばん》を取り付けました。さらに、雨水、冷房に利用したあとの雪どけ水もトイレの洗浄《せんじょう》水《すい》に使うなど、雪、雨、太陽光といった自然界の資源をフル活用しています。

「雪はじゃまな存在ではなく、使い方しだいでは役に立つんだよ」。僕はいつも子どもたちに話しています。「ここは発電所なんだよ。学校が発電所になるなんてすごいと思わない?」

すると子どもたちは、本当に発電所としての自覚を持つようになり、エネルギーを大切に使うようになっていきます。冷房があって涼《すず》しいので、夏休みも学校に自習に来る子たちがいるのですが、このときもスイッチのオンオフは子どもたちにまかせます。雪冷房を使うのは自由ですが、スイッチの切り忘れだけは気を付けるように注意しています。それは、エネルギー（ためた雪）が有限だからです。

安塚《やすづか》の小中学校を卒業した子どもたちは、高校に行くと、いままであたりまえにあった雪冷房がないことに驚《おどろ》くそうです。最初に雪冷房を導入したのが二〇〇二年なので、当時の小学生たちはもう立派な社会人。都会に出て行った人もいますが、安塚《やすづか》の雪冷房を使った学校の自《じ》慢《まん》をしてくれる人もいると聞き、うれしい限りです。

雪だるま財団のしごと

僕が働いている「雪だるま財団」は、豪雪地帯《ごうせつちたい》のハンディキャップである雪を逆手にとった町づくりに取り組んでいた安塚町《やすづかまち》（現・上越市安塚区）が一九九〇年に設立しました。先に紹介した雪冷房など、利雪について調査・研究し、雪の降る地域に広めていくことを目的として

上越市安塚にある雪だるま財団。利雪の研究と普及を目的に設立された。建物にも雪冷房が使われている。

います。
安塚《やすづか》町が利雪を考えるきっかけになったのは、昭和の後半にたびたび起きた豪《ごう》雪《せつ》でした。とくに被《ひ》害《がい》が大きかったのは一九八〇～一九八一（昭和五五～五六）年の「五六豪雪《ごうろくごうせつ》」と、一九八三～一九八四（昭和五八～五九）年の「五九豪雪《ごうきゅうごうせつ》」です。五九豪雪《ごうきゅうごうせつ》は日本列島全体をおそった記録的な豪雪《ごうせつ》で、各地で雪下ろしの事故などがあいつぎ、一三一名もの死者がでました。上越市《じょうえつし》高田《たかだ》では二九二センチもの積雪があったし、ふだんはほとんど雪の降らない東京や横浜でも二〇センチを超《こ》える積雪があるなど、全国的に大きな被害《ひがい》が出ました。

豪雪地《ごうせっち》帯《たい》では高齢化《こうれいか》と過疎化《かそか》が進んでいます。

当時の安塚《やすづか》町では「高齢化《こうれいか》はある程度しかたない。でも、過疎《かそ》は本当に雪だけのせいだろうか？ 自分たちの心の問題でもあるんじゃないだろうか？ やっかいものだと思っている雪をもっと見直してみようじゃないか」と考え始めたのです。〝じゃまもの〟と見られがちな雪を〝町の個性〟としてとらえ、新たな町づくりを目指し、雪だるま財団が誕《たん》生《じょう》しました。

安塚《やすづか》町は二〇〇五年に上越市《じょうえつし》と合併《がっぺい》しましたが、もともと人口四〇〇〇人ほどの小さな町でした。夏になると「雪の宅配便《たくはいびん》」と名づけて発《はっ》泡《ぽう》スチロールにきれいな雪を入れ、全国に送り届《とど》けるなど、ユニークな取り組みをおこなって

安塚町がおこなっていた「雪の宅配便」。全国に雪を送り届けた。

いました。

当時、安塚《やすづか》町の矢野《やの》町長は、「せっかくこれだけの雪があるのだから、遊ぶだけでなく有効活用していこう」と考え、北海道の室蘭《むろらん》工業大学で雪エネルギーの研究をしていた媚山政良《こびやままさよし》先生に相談をしました。そして、媚山《こびやま》先生のもとで研究をしていた僕が雪のエンジニアとして推薦《すいせん》され、安塚《やすづか》に来ることになったというわけです。

雪だるま財団の設立当初は、まず全国から雪利用についての情報を集めることから始めました。雪を使って活動をしている人たちを表彰《ひょうしょう》する「雪だるま大賞」を制定し、全国の雪の研究者や地域で活動するさまざまな人とつながっていったのです。

当時から財団では、雪と上手に付き合うために、遊ぶことばかりではなく、雪で経済効果《けいざいこうか》をもたらすことも重要だと考えていました。もともと雪国の人は、収穫《しゅうかく》した白菜や大根を雪の中に直接埋《う》めて保存したり、「雪にお」と呼ばれる簡易《かんい》な貯蔵庫《ちょぞうこ》を雪に埋《う》め、冬の食品貯蔵《ちょぞう》をするなど、あたりまえのように活用していました。しかも、そうすることで野菜があまくなったりおいしくなったりすることを体験的に知っていたのです。

雪だるま財団ではそうした雪の活用法を中心に、研究や実証試験《じっしょう》などを続けてきましたが、二〇一一年の東日本大震災をきっかけに、雪は新しいエネルギーとしてさらに大きな注目を集めるようになりました。

のちほどくわしく説明しますが、現在、雪冷房や雪冷蔵システムを取り入れている施設《しせつ》は安塚《やすづか》だけで一〇カ所。北海道、東北、北陸はもちろんのこと、西日本の広島県、鳥取県などにも施設《しせつ》が設置され、全国で約一五〇カ所にのぼります。

雪だるま財団は、これまでさまざまな雪利用の相談に乗ったり、技術を伝えてきました。今後も全国各地で雪の可能性を伝え、積極的な利用を進めていくつもりです。

2章

雪は何色?

知ってるようで知らない雪の話

時間とともに姿を変える雪

雪の重さはどれくらいか知っていますか？

降ったばかりの雪は、一立方メートルあたり約一〇〇キログラムといわれます。一般的《いっぱんてき》な広さの二〇坪《つぼ》（一坪《つぼ》＝三・三平方メートル）の家の屋根に一メートルの雪が積もると、重さは六・六トンになります。

しかし、雪はどんどん姿を変えていきます。降ってからしばらく時間がたつと気温が上がってとけ、その後、ふたたび冷えて氷となる。その繰《く》り返しによって雪は固くしまり、降ったときと同じ体積でも、重さが三倍くらいになっています。つまり、見た目は同じ一メートルの雪でも、屋根の上には二〇トンもの雪が乗っていることになるのです。

二〇トンとは、乗用車約一三台分の重さ。そんなものが屋根の上に乗っ

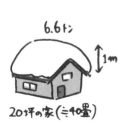

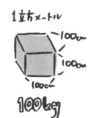

ているのだから大変です。当然、雪おろしをしなければ家はつぶれてしまいます。雪おろしは危険《きけん》を伴《ともな》う作業だし、屋根の雪がすべり落ちそうなときは、決して近寄ってはいけないと雪国の子どもたちは厳《きび》しく教えられます。

このように、積もれば積もるほどすごい重さになる。雪とは時間とともに姿を変えるものだと覚えておかなくてはなりません。

では、さらに時間がたつと、雪はどうなるでしょうか?

春になって気温が少しずつ上がると固くしまった雪がとけ、こんどは水に変わります。春は雪国の川に、冷たくすんだ雪どけ水がたっぷり流れる季節でもあります。

水は地球の上をぐるぐると循《じゅん》環《かん》しています。地球は水の惑星《わくせい》といわれるほど、水がたくさんある星です。地球の表面の三分の二は水でおおわれており、水の総量は一四億立方キロメートル。数字を聞いてもピンとこないほどの量ですが、じつはそのうち九七・五パーセントは海水です。淡水《たんすい》はたった二・五パーセント。しかも淡水《たんすい》のうち、かなりの部分が北極や南極の氷などです。川や湖にある淡水《たんすい》は地球全体のわずか〇・八パーセントほどでしかありません。

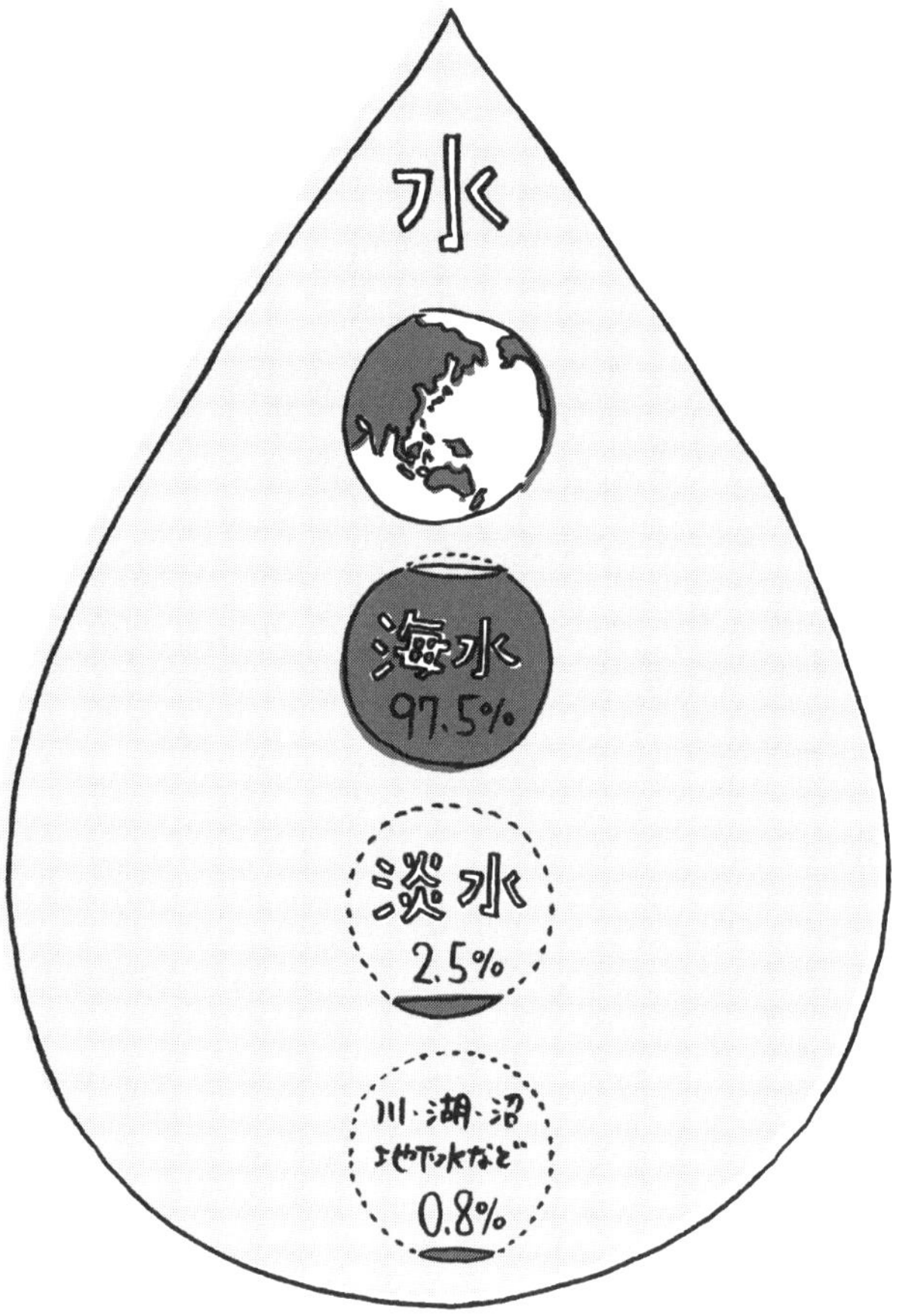

地球上の水のうち、淡水は2.5パーセント。
しかも、私たちが使えるのは全体のたった
0.8パーセントにすぎない。

つまり、地球の一パーセントにも満たない水が、人間をはじめとする地上のさまざまな生きものの命をはぐくんでいるのです。これはまるで奇跡《きせき》のようなこと。毎年当たり前のように降り積もる雪も、地球の大いなる循環《じゅんかん》の一部として、その奇跡《きせき》を支えているのです。

日本に雪が降る理由は？

僕が暮《く》らす新潟県を始め、日本海側にこれほどたくさんの雪が降るのはなぜでしょうか？

その理由は、大きく分けると三つあります。

第一に、大陸から吹いてくる季節風《きせつふう》。

第二に、日本海を流れる対馬海流《つしまかいりゅう》。

第三に、本州や北海道の中央にそびえる山脈です。

冬になると、ユーラシア大陸の北部にはシベリア高気圧が発達し、上空に乾《かわ》いた冷たい空気がたまります。それが季節風《きせつふう》によって北西のほうから日本に流れてくるのですが、その通り道にあるのが日本海です。

日本海には、対馬海流《つしまかいりゅう》が流れています。対馬海流《つしまかいりゅう》は南から暖《あたた》かな黒潮《くろしお》が流れこんでいるので、真冬でも水温が高いのが特徴《とくちょう》です。そのため、海面に暖《あたた》かく湿《しめ》った空気が大量に発生し、水《すい》蒸気《じょうき》をいっぱい含《ふく》んだ雲がつくられます。

この雲が、大陸からの季節風《きせつふう》に流され、日本に向かって吹いてくる。そして本州や北海道の真ん中にある山脈にぶつかって上昇《じょうしょう》し、さらに冷やされて積乱雲《せきらんうん》が発達します。その中では「氷晶《ひょうしょう》」とよばれる氷の結晶《けっしょう》が発生して成長します。氷晶《ひょうしょう》はいわば雪の赤ちゃんです。とても小さく、〇・〇一ミリ以下ですが、雲の中で水分を得ながら大きくなり、雪となって日本海側に降ってくるのです。

雪が地上に降ってくるとき、周囲の気温が高いと、とけて雨になります。雪が雨になる目安は、地上の気温が二〜三度のとき。つまり、地上の気温がそれより低いときは、空から雪のまま地上に達し、それより高いときは雪が冷たい雨となって降るのです。この仕組みは季節に関

大陸からの冬の季節風と暖かい対馬海流が日本列島に雪を降らせる。

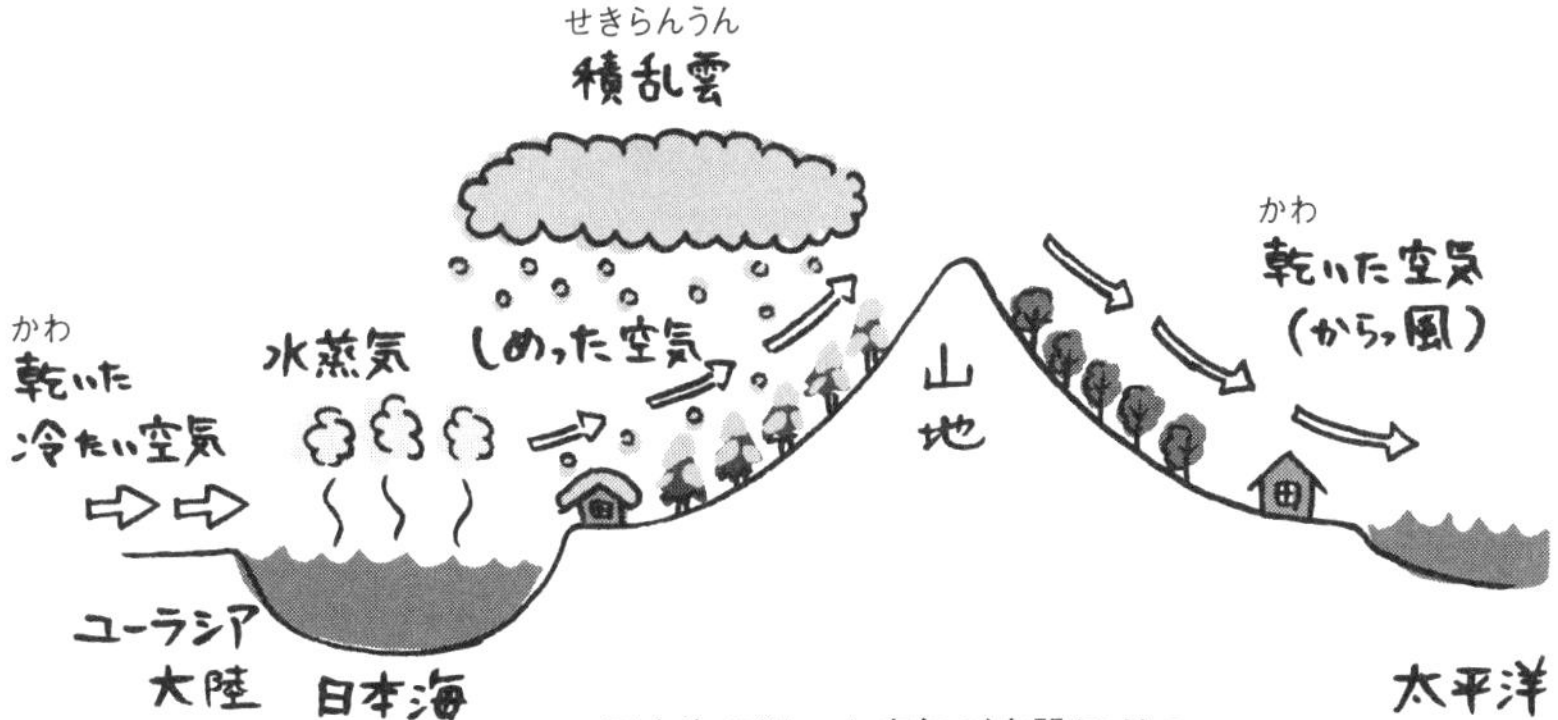

日本海の湿った空気が山肌にぶつかり、雪を降らせる積乱雲となる。

係なく、夏に降る雨も、じつはもともとは雪であることは意外と知られていません。

ちなみに、新潟から山脈を越えたところに位置する群馬県では、雪が降り終わったあとの水分が抜けた風が吹くため、「からっ風」で有名です。

日本海側には、このように雪が降る条件が整っています。もしも日本海がなかったとしたら、僕の暮《く》らす新潟には冷たく乾《かわ》いた風が吹き抜けるだけだろうし、日本列島の真ん中に山脈がなければ、「冬将軍《ふゆしょうぐん》」とも呼《よ》ばれるシベリア高気圧はするっと抜けて、太平洋に達してしまうでしょう。

雪はイヤだと思っても、この地域に雪が降るのはしかたがないのです。もっといえば、自然の摂理《せつり》です。冬に雪が降るのはあたりまえで、人間の力ではどうすることもできません。でも、かつて東京よりも多くの人が新潟に暮《く》らしてきたのは、それでもここに暮《く》らす理由があったからです。雪が降ることを受け入れ、雪に寄りそいながら、人びとは暮《く》らしをいとなんできたのです。

雪は何色？

あたり一面に降り積もった雪は、太陽の光を受けるとキラキラ輝《かがや》きます。雪景色は「白銀《はくぎん》の世界」と呼《よ》ばれたりしますね。そこで、質問です。

雪はいったい何色でしょうか？　白色と多くの人が思うかもしれません。

ヒントは、雪が何からできているかを考えれば簡単《かんたん》です。

「雪は何でできているか知ってる？」

子どもたちに質問すると、全員が知っています。

「水！」

正解です。

「では、水は何色？」

この質問にも、みんなが答えます。

「透明《とうめい》！」

その通り。水は透明ですね。雪の結晶《けっしょう》をよく観察してみると、薄《うす》い透明《とうめい》な氷でできていることがわかります。多くの人は「雪は白い」と思っていますが、正確には「白く見える」といったほうがよいかもしれません。

ではなぜ、雪は白く見えるのでしょうか？

雪の結晶《けっしょう》には、木の枝の集合のような複雑《ふくざつ》な形をしているものがあります。この結晶《けっしょう》をつくりだしている薄《うす》い氷に光が当たると、光がさまざまな方向に反射《はんしゃ》します。これを「光の乱《らん》反射《はんしゃ》」といいます。じつは雪の結晶《けっしょう》と結晶《けっしょう》の間を、光が乱反射《らんはんしゃ》することで、人間には雪が白く見えるのです。

かき氷をつくるときも、同じような現象が起こります。どこにも空気の入っていない透明《とうめい》な氷でも、機械で薄《うす》くけずると、お皿の上には白いかき氷ができあがります。薄《うす》くけずられた氷の内部で光が乱反射《らんはんしゃ》するため、白く見えるのです。しかし、かき氷がとけると、バラバラだった結晶《けっしょう》がひとつの液体に戻《もど》って光を通しやすくなるので、また透明《とうめい》に見えるようになります。

春になり、雪がとけかかって「ざらめ」のようになったときには、青く見えることもあります。これは、海が青く見えるのと同じ原理です。海の水は青く見えますが、海水そのものは水なので、やっぱり無色《むしょく》透明《とうめい》です。光の乱反射《らんはんしゃ》によって、青い光だけが水の中を深く進んでいくため、青く見えるのです。同じように雪も、光の乱反射《らんはんしゃ》によって、白く見えるだけでなく、青い色に見える場合があります。

みなさんも、冬になって雪を見たときには「何色かな?」と興味を持ってながめてみてください。

雪国ならではの雪の表現

雪が降る地域といえば、まず連想されるのが北海道です。新潟の雪は湿《しめ》ってずっしり重いのが特徴《とくちょう》ですが、北海道の雪の水分は新潟の半分ほど。気温が低く空気が乾《かわ》いているため、さらさらの軽い雪が降ります。

真冬の北海道を経験したことがある人ならわかると思いますが、雪をにぎろうとしても、ぱらぱらしていてにぎれません。雪合戦もやりにくいし、雪だるまをつくることも難《むずか》しい。そのかわり、手ではらえばすぐ落ちるので、北海道の人は雪が降ってもあまり傘《かさ》をさしません。踏《ふ》みしめると片栗粉《かたくりこ》を押したみたいにキシキシした音が聞こえ、スキーに行けばパウダースノーで、気持ちよくすべることができます。

それに比べて新潟の雪は、踏《ふ》むと「ギュウッ、ギュウッ」とにぶい音がします。北海道なら車に積もった雪はスノーブラシではらいのければすぐに落ちますが、新潟ではそんなに楽ではありません。ぐっと力を入れなければなかなか雪は落ちません。水分がたくさん含《ふく》まれているのでずっしり重くなるのです。

北海道の雪は軽くてよいのですが、雪を集めて利用しようと思うと、使いやすいのは断然、新潟の雪です。僕は北海道に暮《く》らしたこともあるので両方の雪を知っていますが、北海道で雪を集めて利用しようとすると、春先のひと雨降ったくらいの雪のほうが使いやすいと言われます。重たくてしまった新潟の雪は、雪かきは大変ですが、雪利用にはぴったりなのです。

ところで、雪には「粉雪《こなゆき》」「玉雪《たまゆき》」「ぼたん雪」「べた雪」など、さまざまな名前があります。いま挙《あ》げた名前は雪が降っているときの状態ですが、降り積もったあとにも名前があります。降ったばかりの雪は「新雪《しんせつ》」や「銀雪《ぎんせつ》」。これは、空から落ちてきたときの結晶《けっしょう》のまま積もっている状態です。積もってから数日がたち、少し固《かた》くなった状態の雪は、「こしまり雪」と呼《よ》ばれます。結晶《けっしょう》がこわれ、丸みのある小さな氷の粒《つぶ》の集まりになっています。

さらにその上に雪が積もり、スコップが刺《さ》さらないほど固くなった雪のことを「しまり雪」と言います。その後、さらに水を含《ふく》んだ雪を「ざらめ雪」といい、粒《つぶ》が大きくざらざらとした状態になります。ざらめ雪は、しまり雪よりもさらに重くなっています。

これらの言葉は全国的にも使われているようですが、「水雪《みずゆき》」などは、新潟に暮《く》らし始めてよく耳にするようになりました。言葉のとおり、水気の多い雪を意味しているのですが、雪の変化を見ているとその言葉がぴったりで、さすが雪国の人たちは雪をよく観察しているなと感心したものです。

このほかにも、新潟に来て感心したのは「雪ぐされ」という表現。とけたり凍《こお》ったりして再結晶《さいけっしょう》した雪は、気温が上がる春先にはシャーベット状のビーズ玉のようになり、その上を歩くとグチャグチャと足をとられ体力も消耗《しょうもう》してしまいます。そのような雪を「くさった雪（＝雪ぐされ）」と表現するのです。そもそも雪だから本当はくさってはいないけれど、降り積もった雪のなれのはて。独特の表現なのです。

積雪の分類名称

大分類	小分類
新雪	新雪
しまり雪	こしまり雪 しまり雪
ざらめ雪	ざらめ雪
しもざらめ雪	こしもざらめ雪 しもざらめ雪

（日本雪氷学会）

雪は天から送られた手紙

「雪は天から送られた手紙である」

これは、物理学者で随筆家《ずいひつか》である中谷宇吉郎《なかやうきちろう》博士《はかせ》（一九〇〇—一九六二年）の言葉です。中谷博士は東京帝国大学（現在の東京大学）を卒業し、理化学《りかがく》研究所を経て北海道帝国大学（現在の北海道大学）の教授となった科学者。雪の結晶《けっしょう》を研究しながら、科学を一般《いっぱん》の人にわかりやすく伝えるため、たくさんのエッセイも書かれました。

僕がこの言葉を最初に知ったのは、高校生のころでした。趣味《しゅみ》のスキーで年に数回、雪国に訪《おとず》れていたころ、テレビで中谷博士の番組が放映されていたのです。高校生だった僕は、長野や新潟の山に行けば雪は年中あるものだと思っていたし、雪の結晶《けっしょう》の違いを気にかけるほど繊細《せんさい》な感性の持ち主でもありませんでした。ところが、テレビを見て中谷博士に興味を持ち、言葉の意味を知りたくて調べてみると、どんどん引きこまれていきました。

みなさんは、雪の結晶《けっしょう》を見たことはありますか？

本物を見たことはなくても、写真などで美しい形を見たことがある人は多いでしょう。雪の結晶《けっしょう》はどれもよく似ていますが、まったく同じ形はひとつもないと言われています。

雪の結晶《けっしょう》が初めて記録されたのは、一五五〇年ごろ。スウェーデンのオラウス・マグヌスという人が観察してスケッチを残しています。三日月やくらげのような形で、現実にはあり得ないものを想像して描《えが》いていました。マグヌスは、結晶《けっしょう》が多様な形をしていることは気づいていましたが、規則性があることには気づいていなかったようです。

一六三〇年代には、哲学者《てつがくしゃ》として有名なデカルトが、雪の結晶《けっしょう》を観察してスケッチしています。当時は多くの研究者が興味を持って簡単な虫めがねで観察しており、雪の結晶《けっしょう》は六角形が基本だと知られるようになります。

一方、日本では、一八三〇年代に古河《こが》藩主《はんしゅ》の土井《どい》利位《としつら》が、オランダから輸入した顕微鏡《けんびきょう》で雪の結晶《けっしょう》を観察し、絵に残しました。彼は雪の結晶《けっしょう》を「雪華《せっか》」と命名し、その観察結果を描《えが》いて『雪華《せっか》図説《ずせつ》』という本にまとめました。雪の結晶《けっしょう》の魅力《みりょく》にとりつかれていたことがわか

土井利位の『雪華図説』には美しい雪の結晶が描かれている（国立国会図書館所蔵）。

ります。

本を見た人にも、雪の結晶《けっしょう》はめずらしくうつったのでしょう。粋《いき》を好んだ江戸っ子たちの間では「雪紋様《ゆきもんよう》」の着物が流行したという記録があります。ただし、このころの顕微鏡《けんびきょう》では雪の結晶《けっしょう》を細部にわたって観察することは難《むずか》しく、草花に似た形で描《えが》かれていました。

結晶を見れば上空の様子がわかる

さらに時を経て一九三一年、アメリカのベントレーが『スノークリスタル』という雪の結《けっ》晶《しょう》の写真集を出版しました。ベントレーはアマチュアの研究家でしたが、生涯《しょうがい》をかけて雪の結晶《けっしょう》の顕微鏡《けんびきょう》写真を撮《と》りためていきました。その美しさに、世界中の人が魅了《みりょう》されていきます。

中谷博士もそのひとりでした。博士はベントレーの雪の結晶《けっしょう》にひかれ、自分でも観察をおこなっていましたが、のめりこむうちに「実験室で雪の結晶《けっしょう》を再現できないだろうか」と考えるようになります。自然界と同じような雪を実験室で再現するのは簡単《かんたん》ではありませんでしたが、三年にわたる研究の末に、ついに実験装置《そうち》が完成しました。

中谷博士は、研究していくうちに、雪の結晶《けっしょう》をつくるには「核《かく》になるもの」が必要だと気づきました。絹《きぬ》、木綿《もめん》、クモの糸、動物の毛など、さまざまなものを試して、とうとうウサギの腹《はら》の毛にあるコブのような突起《とっき》が、結晶の核《かく》に最適だと発見したのです。こうして世界初の人工の雪が、博士の独創的《どくそうてき》な発想と試行錯誤《しこうさくご》によってつくりだされていったのです。

さまざまな雪の結晶《けっしょう》をつくるには、数千メートル上空の、雪が生まれる大気の情報を推測《すいそく》しなければなりません。中谷博士は温度や湿度《しつど》（水蒸気《すいじょうき》の量）を変えた装置《そうち》の中で、何度も実験を繰《く》り返しました。針のように細長い形、中央から六つの方向に花が開いた形、木の枝のように広がった形など、中谷博士のつくった雪の結晶《けっしょう》は、どれも六角形が基本です。

中谷宇吉郎博士《なかやうきちろうはかせ》と雪の結晶

これらの結晶《けっしょう》ができる温度と湿度《しつど》（水蒸《すいじょう》気《き》の量）をグラフに描《えが》くと、雪の結晶《けっしょう》の分布図ができあがりました。人工の雪の結晶《けっしょう》は、神秘《しんぴ》的《てき》な美しさだけでなく、その形にたくさんの情報がのっているのです。これは「中谷ダイアグラム」と呼《よ》ばれ、一九五四年に発表されました。このダイアグラムによって、結晶《けっしょう》の形を見るだけで、上空の温度や湿度《しつど》（水蒸気《すいじょうき》の量）を知ることができるようになったのです。

中谷博士の研究成果を要約《ようやく》すると「雪が上空の様子を記録しながら降ってくる」。そこで中谷博士は「雪は天から送られた手紙であ

雪の結晶のダイアグラム

雪の結晶の分布図。気温と湿度（水蒸気の量）の関係で結晶の形が決まる。水蒸気が多いほど形は複雑になる。

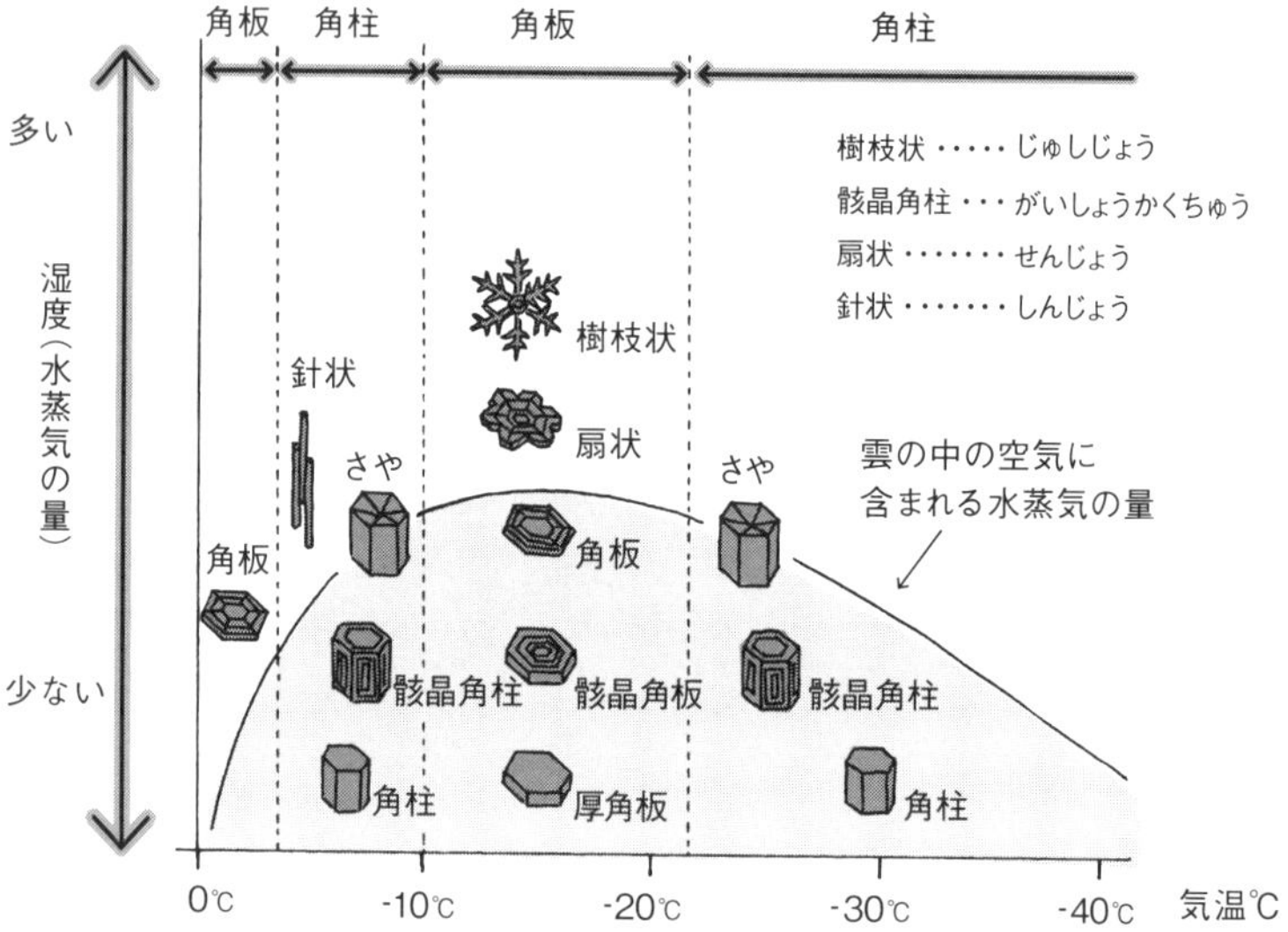

る」という名文句を残しました。ただ文学的なだけでなく、そこには科学の本質がある。本当にうまく言い表した言葉です。

中谷博士が研究をしていた時代は、人工衛星による観測《かんそく》技術がなかったため、上空の様子を知るのは困難《こんなん》でした。しかし農業や漁業にとって気象予測はかかせないし、航空機や船の運航にも影響《えいきょう》を与えます。ダイアグラムが生まれたのはとても大きな意味を持つことだったでしょう。そののち、北海道大学低温科学研究所の教授をつとめた小林《こばやし》禎作《ていさく》先生

（一九二五～一九八七）らが、中谷ダイアグラムをさらに発展《はってん》させた「雪の結晶《けっしょう》のダイアグラム」を完成させています。

はるか上空から時間と距離《きょり》を越《こ》え、雪は私たちにさまざまな手紙を送ってくれるのです。それを知れば、雪がもっとワクワクするものに思えてきます。

雪の結晶をつくる

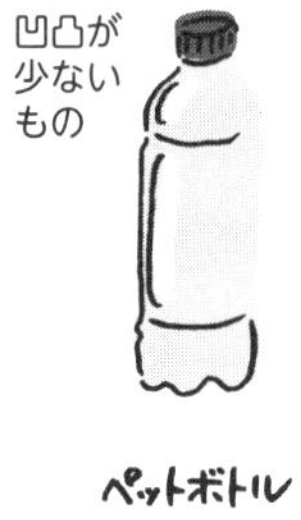

中谷博士が雪の結晶《けっしょう》を再現したように、私たちも机の上で結晶《けっしょう》をつくることができます。ここでは、僕がいつも子どもたちといっしょに実験している方法をご紹介《しょうかい》します。

安塚《やすづか》の子どもたちと雪の結晶《けっしょう》をつくるときには、こんな話をします。

「みんなの学校は標高約一〇〇メートル地点にあるけれど、実験装置《そうち》は五五〇〇メートルの上空と同じ状況《じょうきょう》をつくり出している

ペットボトルに
息を吹き込む。

ペットボトルに消しゴム等の重りをつけた釣り糸をたらす。底に穴をあけたカップにさしこみ、まわりにドライアイスを入れる(必ず軍手を使うこと)。

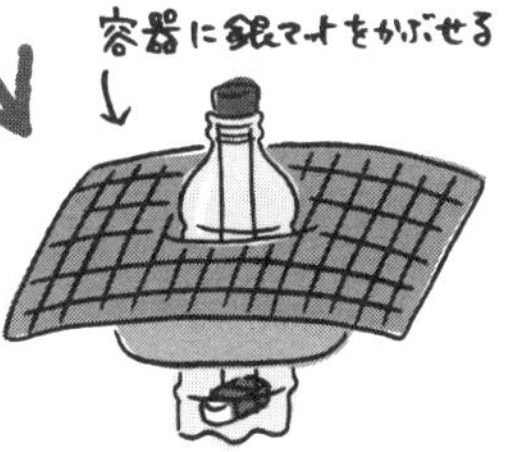

容器に銀マットをかぶせ空気が入らないようにして、栓をしたペットボトルの温度が下がるのを静かに待つ。

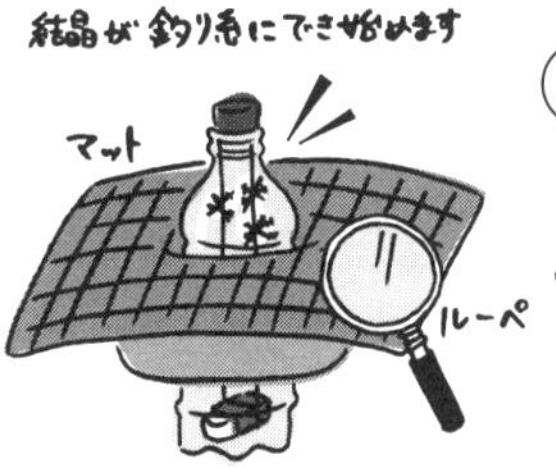

釣り糸が雪の結晶の核の役割を果たし、20分ほどで雪の結晶ができる。

んだ。机の上が五五〇〇メートルだと考えてごらん。みんながはいた息は、日本海の水蒸気《すいじょうき》だ。水《すい》蒸気《じょうき》を入れて、少し待っていると雪の結晶《けっしょう》ができるよ」

　雪の結晶《けっしょう》は大きくて二ミリメートルくらい。条件がいいと肉眼《にくがん》でも見えるし、ルーペを使えばよくわかります。雪国の子どもたちでもちゃんと見たことがない子が多いので、この実験をしたあとは、みんなで外に本物の結晶《けっしょう》を見に行くこともあります。

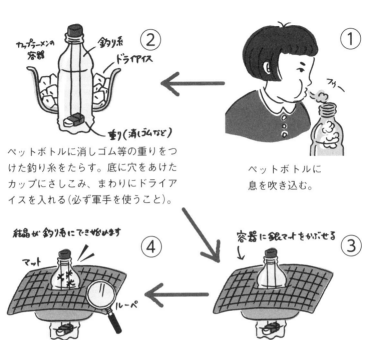

ただし、実験に失敗して結晶《けっしょう》が見えないこともあります。それは自然界も同じ。見たい雪の結晶《けっしょう》は、いつもあたりまえに見られるわけでなく、条件が整わないと見られません。また、自然界においては、全く同じ形の結晶《けっしょう》は二度とできません。僕たちがその雪の結晶と出会えることは、もしかしたら奇跡的なことかもしれないのです。

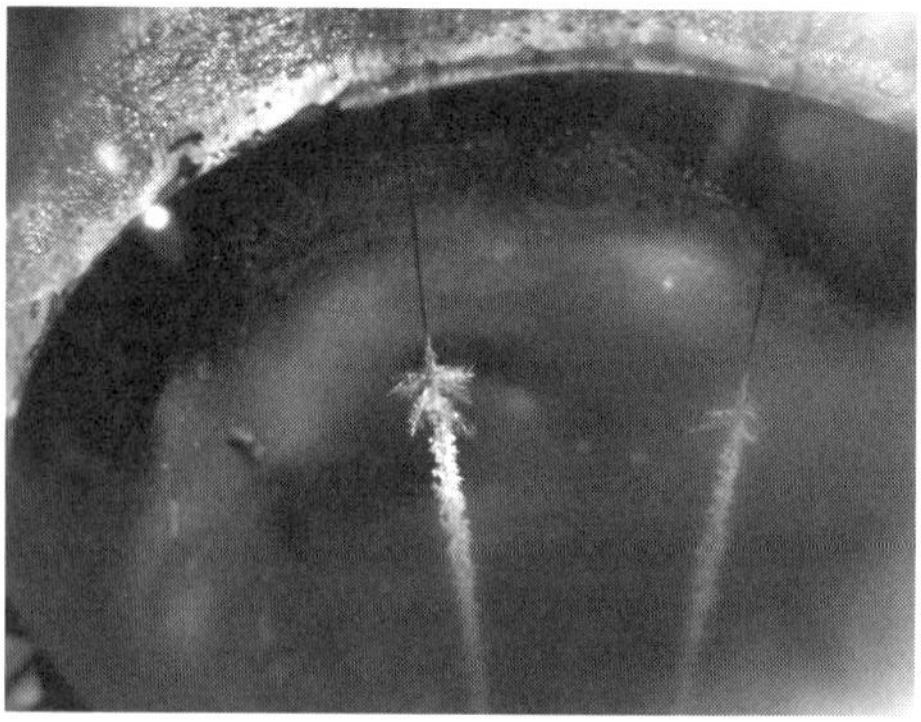
ペットボトルの中にできた雪の結晶。

3章

私たちは雪と生きてきた

日本人と雪の関係

最古の歴史書にも登場する氷室

「雪室《ゆきむろ》」または「氷室《ひむろ》」は、冬の間に降り積もった雪や氷を集めて入れておく倉庫のことです。夏まで雪や氷を保存《ほぞん》したり、食品などの貯蔵庫《ちょぞうこ》として利用していました。いわば天然の冷蔵庫です。

近年、雪氷《せっぴょう》は新たなエネルギー資源《しげん》として注目を集めていますが、じつはこうした利用法は、古《いにしえ》よりありました。

日本の文献《ぶんけん》に初めて登場するのは、なんと奈良時代。日本でもっとも古いとされる歴史書『日本書紀《にほんしょき》』には、次のような内容が書かれています。

額田大中彦皇子《ぬかたのおおなかつひこのおうじ》が狩りに行き、小高い山の上から周囲を見渡《みわた》しました。すると、野の中に庵《いおり》のような形をした、粗末《そまつ》な見慣《みな》れぬものがありました。

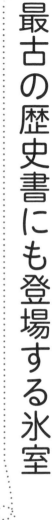

「これは、いったい何だ？」

皇子《おうじ》が聞くと、その土地の大山主は答えました。

「氷室でございます」

「氷室とは何か。どのようにして使うのか？」

「地面を掘《ほ》り下げ、そこにカヤなどを敷《し》き詰《つ》めて雪を入れて突《つ》き固め、わらでおおっておくのです。すると夏になっても氷はとけず、食べものを冷やしたり、氷を食べたりできるのです」

「これはすばらしい！」

皇子《おうじ》はそう言うと氷を持ち帰り、天皇に献上《けんじょう》しました。天皇はとても喜び、自らも氷室をつくりました。（日本書紀　仁徳天皇六二年条）

その伝説が伝わるのが、現在も氷の神様として知られる、奈良県の「氷室神社」です。ここは、私たちのように雪を仕事にする人間にとっての聖地といえます。ほかにも、全国に氷室神社という名前はいくつか残されていますが、神社だけでなく、氷室や雪室の跡《あと》は全国に見られます。どれも構造はシンプルです。地面を掘《ほ》ったり、石を切り出して穴蔵《あなぐら》のような場所をつくり、そこに雪を入れて突《つ》き固め、カヤやワラなどをかけて保存《ほぞん》するのです。

夏の雪（氷）は高貴《こうき》な人に献上《けんじょう》したりするほど貴重なものでした。また、電気冷蔵庫が普《ふ》及《きゅう》するまで、天然の冷たさはめずらしいだけでなく需要《じゅよう》も高かったのです、雪深い新潟はもちろんのこと、たとえば東京でも山あいにある青梅《おうめ》や奥多摩《おくたま》など、冬期に雪が降り積もったり池に氷が張る場所では、雪室や氷室の跡《あと》が残っています。

明治時代に入ると交通が発達し、地方との交流や海外との貿易も活発になりました。当時、氷は貴重であり人気の高い輸入品で、アメリカのボストンから「ボストン氷」が輸入されたという記録があります。また、北海道五稜《ごりょうかく》郭の「函館《はこだて》氷」、長野県諏訪《すわこ》湖の「諏訪《すわ》氷」といった氷は、東京、横浜だけでなく、関西の神戸にまで販売していたそうです。

江戸と明治の雪の風景

江戸時代後期から明治時代にかけては、雪深い新潟の人びとの暮《く》らしを描いた絵が残されています。

ひとつは『北越雪譜《ほくえつせっぷ》』という本。その中の「掘除積雪之図《つもりたるゆきをとりのくるず》」には、雪を切り出し、縄《なわ》でしばって運んでいる様子が描《えが》かれています。新潟の雪は重く固まった「しまり雪」なので、縄でしばってもこわれなかったのでしょう。また、「屋上雪掘図《やねのゆきほるず》」では、北国特有の蓑《みの》を着て、スキ（木製のスコップ）という道具を使って、おじいさんとおばあさんが屋根の雪おろしをする様子が描《えが》かれています。いまでは考えられませんが、素手で作業をしているため、かじかんだ手に息を吹きかける様子がとても寒そうです。

『北越雪譜《ほくえつせっぷ》』の著者の鈴木牧之《すずきぼくし》は、現在の新潟県南魚沼市《みなみうおぬまし》に住んでいた商人です。雪国の暮《く》らしや産業をいきいきと描《えが》いたこの本は、江戸後期のベストセラーとなりました。昔はテレビもないし、雑誌もない。江戸の人たちはこんな雪を見たこともなかったため、興味しんしんだったのでしょう。

「掘除積雪之図」(上)と「屋上雪掘図」(下)。『北越雪譜』には江戸時代の雪国の様子が描かれている(富山大学付属図書館所蔵)。

もうひとつは、明治時代の初めに描《えが》かれた片山翠谷《かたやますいこく》の「北越《ほくえつ》雪中《せっちゅう》実景《じっけい》」という絵。雪室で保存していた雪を、夏になって雪船《ゆきぶね》に乗せて運ぶ様子が描《えが》かれています。当時の輸送の主役は船で、運ぶルートは川や水路を使いました。人々は大小さまざまな船を使い、商品を乗せ

片山翠谷作「北越雪中実景」。雪を商品として扱っていたことがわかる（長岡市立中央図書館文書資料室所蔵）。

て運んでいたのです。

絵の左下、わらをかぶせてあるのは雪の山です。実際の雪室は山奥《やまおく》の涼《すず》しい場所にあるはずなので、船で運ぶため川べりに移して積み上げていたのでしょう。言ってみれば、この川べりは、雪の中間貯蔵地《ちゅうかんちょぞうち》点《てん》。現代のエネルギーにたとえると、サウジアラビアから運んできた原油をいったん保管しておくタンクのような場所です。雪船《ゆきぶね》は、都市部まで運んでいくタンクローリーというところでしょうか。

この絵には、背負子《しょいこ》で雪をかついで船まで運ぶ人、雪を天びん棒《ぼう》にのせて料亭《りょうてい》に

背負っているのは雪の固まり。昭和30年代までは雪は貴重品。夏まで保存しておき、商店などに販売してお金にしていた（十日町市博物館所蔵）。

売りに行く人、うれしそうに氷を食べる子どもたちも描《えが》かれています。おそらく雪の周辺で働いているのは、農家の小作人たち。雪室の持ち主はだんなさん（お金持ちの地主）でしょう。小作人たちは春から秋にかけて田んぼや畑で働きますが、夏は仕事の合間をぬってこのような仕事もしていたのです。大勢が働いている様子を見ると、都会で雪が貴重なものとして売れていたことがわかります。

「雪は降りすぎるとじゃまだけれど、お金になる」

これが、当時の雪国の人たちの認識《にんしき》だったのでしょう。雪は、暑い季節に直接食べたり食品を冷やすための貴重品。冬の間は雪かきが大変ですが、ためておけばお金にかわるありがたいものでもあったのです。実際、このような雪の利用は、電気冷蔵庫が普及《ふきゅう》する昭和三〇年代まで続きました。

「北越雪中《ほくえつせっちゅう》　実景《じっけい》」には、のこぎりで雪を切る人も描《えが》かれています。この道具は雪専用の雪切りでしょう。時間がたってカチカチに固まった雪は、のこぎりを使わなければ切り出せません。昭和三〇年代までこの仕事をしていたおじいさんに話を聞いたことがありますが、「雪を運ぶときは、大きさをそろえて切るのが職人技で、うまくできないと親方にしかられたものだ」と言っていました。

また、別の人からは「うちのおじいさんがこの仕事をしていて、だんなさんからサングラスをもらったそうだよ」という話も聞きました。雪の中の作業はまぶしいので、当時はめずらしいサングラスを贈《おく》られたのです。

これらはすべて、雪国で長く続いてきた雪の利用文化。わずか五〇年前までふつうに見られた風景でした。

いまも各地に残る雪室

雪室は全国各地に残っており、「雪穴《ゆきあな》」や「雪にお」など、さまざまな呼《よ》び名があります。におとは荷物を置く部屋（貯蔵庫《ちょぞうこ》）のこと。現在も残る雪室は江戸時代以降につくられたものがほとんどですが、その多くが穴を掘《ほ》って半地下にしたり、日の当たらないがけ下につくられるなど、低温を保つために工夫されています。

安塚・横尾家の雪室の復元作業の様子。雪山をつくり、わらでおおえば夏まで保存できる。

記録によると、かつて新潟県内には六〇カ所くらいの雪室がありましたが、いまでも残るものはわずか。僕の住む安塚《やすづか》には一カ所だけ、村の大地主だった横尾家《よこおけ》の邸宅《ていたく》に残されています。

雪室は、杉が生《お》い茂《しげ》る斜面を利用してつくられ、大きさは小型のプールくらい。深さは三・五メートル。周囲はコンクリートで固められています。杉の木陰《こかげ》になるため一年中涼《すず》しく、上には自家用のテニスコートがあって、雪を集めて運びやすい構造です。

春が近くなると集めた雪を穴に投入し、さらに三メートルほど盛り上げてつき固めました。その上から、わらであんだコモやムシロでおおい、雪を夏まで保存《ほぞん》していたのです。明治の後半から昭和初期にかけて使われていましたが、個人の家の雪室でこれほど立派《りっぱ》なものはめずらしいそうです。

雪室の雪は、食料の貯蔵《ちょぞう》はもちろんですが、病気の治療《ちりょう》にも使われました。安塚《やすづか》の人たちは家で病人が出るたびに、横尾家《よこおけ》のような地主のところに雪を取りに行ったそうです。

また、雪にはもうひとつ、こんな使われ方もあったと教えられました。雪国に暮《く》らすお年寄りは、死期が近いことをさとると、真夏でも、「オラ、雪が見てェ」と言ったそうです。その言葉を聞いた家族は、願いをかなえてあげようと雪室を持っている地主の家に走ります。「あの家、雪を取りに行ったみたいだよ」と聞くと、近所の人もお別れが近いことを察《さっ》したそうです。

歴史的に面白いのは、石川県金沢市《かなざわ》にある兼六園《けんろくえん》の氷室跡《ひむろあと》。金沢も雪の多い土地ですが、園内にある山崎山《やまざきやま》の裏のくぼ地に氷室をつくり、雪を貯蔵《ちょぞう》していました。雪は、夏になると桐《きり》の箱に入れて、江戸まで急いで送り届《とど》けられたそうです。徳川将軍に献上《けんじょう》するためです。いったい、どれくらいの時間がかかったのでしょう。雪が江戸に到着《とうちゃく》するころには、かなりの部分がとけていたのではないかと気になりますが、当時、この雪は将軍だけでなく家臣にも分け与えられ、暑い季節にみんなで雪を食べて涼《りょう》を楽しんだと伝えられています。

国会議事堂に設置されていた氷室。氷の冷気を冷房として使っていた。

もうひとつ、面白いところでは、東京の国会議事堂にもかつて氷室がありました。国会議事堂は大正九年に着工し、昭和一一年に完成した建物です。当時は冷房設備がなかったため、中庭の下に氷室をつくって大きな氷を入れ、氷がとけるときに出る冷えた空気を、通風口から議事堂全体に送りました。これは、アメリカのカーネギーホールやマディソンスクエアガーデンなど、当時の最先端《さいせんたん》のビルと同じシステムで、室温が三度くらい下がったそうです。氷室は、冷房のない時代に建物を涼《すず》しくする知恵でもありました。

海外にもあった氷室

雪室や氷室があったのは日本だけではありません。イギリス、スコットランド、アメリカ、イタリア、中国など世界中の雪の降る地域で、レンガづくりや石づくりの氷室が利用されてきました。

有名な話では、フランスのナポレオンが遠征《えんせい》するときには、必ず氷室をつくっていたと言われ、いまも各地にその跡《あと》が残っているそうです。食料の貯蔵《ちょぞう》は、戦争においても極めて重要なことでした。ナポレオンは独裁的《どくさいてき》な軍人でヨーロッパ各地を侵略《しんりゃく》していきましたが、彼が侵略《しんりゃく》することで結果的に氷室の文化や技術も各地に広がっていったのかもしれません。

ただし、氷室を持つには、ナポレオンのように強大な権力《けんりょく》や経済力が必要でした。少々の雪を保存《ほぞん》するくらいでは、食料を低温で保存《ほぞん》することはできません。雪や氷を大量に貯蔵《ちょぞう》できる大きな建物か、ひんぱんに輸送して貯蔵《ちょぞう》するための建物を各地に建設する必要があったからです。

日本では『日本書紀《にほんしょき》』の時代から氷室があったようですが、お隣《となり》の中国ではもっと古い記録があります。『三国志《さんごくし》』（二～三世紀の中国の歴史書）の時代、井戸《いど》を掘《ほ》って雪や氷を入れ、貯蔵庫《ちょぞうこ》をつくっていたと記されています。

近代になると、映画の中に氷室が登場しています。ぜひ見てほしいのは、一九五五年に公開されたアメリカ映画『エデンの東』。舞台《ぶたい》は、第一次世界大戦が始まった、いまから約一〇〇年前のカリフォルニア州です。

主人公キャル（ジェームズ・ディーン）の父親アダムは、一攫千金《いっかくせんきん》を狙《ねら》って大量のレタスを列車に乗せ、西海岸のカリフォルニアから、反対の東海岸まで運ぶことを思いつきます。冷蔵庫のない時代の夏のこと。レタスの保存《ほぞん》に使ったのは大量の氷でした。

アダムは、自分の仕事場に二階建ての氷室を建てていました。大きな氷がぎっしり詰《つ》まったこの氷室は、キャルや兄のアロンの遊び場であり、ケンカもする場所として描《えが》かれています。

氷とレタスを積んだ貨物列車はカリフォルニアを出発しますが、峠《とうげ》の途中《とちゅう》で列車が立ち往生《おうじょう》。氷がとけてレタスが腐《くさ》り、アダムの事業は大失敗に終わってしまいます。列車の底から、氷がとけて大量の水が流れ落ちるシーンは印象的でした。一〇〇年前のアメリカでも、生鮮《せいせん》食品の保存《ほぞん》や流通は大変だったことがわかります。

氷冷蔵庫から電気冷蔵庫へ

『エデンの東』と同じ時代、大正から昭和の初めにかけて、日本では氷を使って食品を保存する「氷冷蔵庫」が一般家庭に広まっていました。

氷冷蔵庫は、上下に二つのドアがついた木製の箱です。上段と下段はスノコ状の金属板でつながっていて、上段に大きな氷を入れると下に冷気が流れていきます。雪室と同じような状態が、一般家庭でもつくり出せるようになったというわけです。

おかげで、どこの家でも暑い季節は氷が必要になり、日本各地に製氷工場《せいひょうこうじょう》ができて町には氷売りが歩いていました。その後、昭和三〇年代に電気冷蔵庫が登場します。当時の日本では、テレビ、洗濯機とともに電気冷蔵庫は「三種《さんしゅ》の神器《じんぎ》」と呼ばれ、とても値段《ねだん》の高いものでしたが、みんなが競って手に入れるようになりました。

ところが、電気冷蔵庫はいまほど性能がよくありませんでした。庫内の空気を冷やすと、空気中の水分が減るので、乾燥《かんそう》して肉や魚がカラカラにひからびてしまうのです。その点、氷冷蔵庫は氷を入れた箱なので、乾燥《かんそう》することはありません。余裕《よゆう》のある家や店では、台所に氷冷蔵庫と電気冷蔵庫の両方を置いて、肉や魚は氷冷蔵庫で保存していました。

その後、昭和四〇年代半ばには、技術の向上により、使いやすくなった家庭用電気冷蔵庫の普及率《ふきゅうりつ》が一〇〇パーセントになります。そのころから、雪国でも雪室が使われなくなっていきました。これは衛生《えいせい》基準が厳しくなったことや、人手が必要な雪室づくりが過疎《かそ》化によってできなくなったことも理由です。

ただし、雪国の家庭では、庭の雪の中で白菜やキャベツやニンジンなどを保存《ほぞん》しておく文化が根づいていたし、それが電気冷蔵庫よりもみずみずしく保存《ほぞん》でき、あまみが増していくことを実感としてきちんと知っていました。

雪室の新しい時代へ

安塚小学校の雪室に冷房用の雪を入れる。天然の雪エネルギーを活用すれば、電気代の節約になり、環境にも優しく、一石二鳥の効果が得られる。

古代から昭和三〇年代まで続いてきた昔ながらの雪室は、一度は消えてしまいました。けれど、近年になり、省エネルギーや、化石燃料や原子力に頼《たよ》らない自然エネルギーへの注目度が高まり、ふたたび雪室が脚光《きゃっこう》を浴び始めています。

ただし、それは昔ながらの雪室ではなく、より現代的な新しい雪室です。もちろん雪をためて使うことは同じですが、大きな違いは、必要最低限の機械を取り付けていること。送風器《そうふうき》や熱交換器《ねつこうかんき》（暖《あたた》かい空気と冷たい空気を交換させる機械）で、雪どけ水を循環《じゅんかん》させて部屋の温度をコントロールしたり、雪で冷やされた空気を循環《じゅんかん》させて室温が一定になるようなシステムを、僕の母校《ぼこう》である室蘭《むろらん》工業大学が中心となって開発しました。

これまでは冷やすのは〝雪まかせ〟で、室温もなりゆき。そのため雪がなくなれば雪室の役目は終わりというのが一般的《いっぱんてき》でした。けれど、現在ではどれくらいの雪があれば、どれくらいのスペースを、どれだけの期間冷やせるか。さらに、電気で冷やしたときに比べ、どれだけ地球温暖化の原因となる二酸化炭素（ＣＯ２）が削減《さくげん》できるかも計算できるようになりました。

昔の雪室は、簡易《かんい》な小屋をつくったり、穴につき固めるだけで、機械も電気もまったく使わない究極のエコな冷蔵庫です。それに比べると現代の雪室は、雪をためる巨大《きょだい》な倉庫を建設したり、機械設備を設置したり、最初の費用はけっこうかかります。また、機械を動かすための電気代も少しは必要です。

でも、現実的に考えたら、昔の雪室を現代人のライフスタイルに合わせるのはかなり無理がある話ではないでしょうか。それはパソコンもスマホも持っている暮《く》らしに、江戸時代の生活を持ち込《こ》むようなものだからです。

それよりも、天然の雪エネルギーと最新技術を組み合わせ、省エネという切り口で上手に活用したらいいのではないでしょうか。なにしろ現代の雪室は、電気料金だけをみると、従来《じゅうらい》の電気冷蔵庫の三分の一から五分の一くらいしかかかりません。はるかに少ないお金とエネルギーで活用していくことができるのです。

雪国の人には、どうしても雪は〝じゃまもの〟という意識があります。しかし、ただ捨《す》てられるだけの雪を効率よく集めて経済効果を生めば、その分、雪国の生活は軽くなります。お荷物だった雪が、利用するための資源へ変わると、ひとつのサイクルが回っていくようになるのです。

かつては、雪の利用について話をしても、「ほんとうに効果があるの?」という反応がほとんどでした。けれど、実際にさまざまな施設《しせつ》をつくり、実績が評価されていくうちに、反応が目に見えて変化してきました。とくに二〇一一年の東日本大震災以降は電気を節約しなければとみんなが思うようになりました。

日本の省エネ技術は世界トップレベルです。雪そのものは発電しませんが、ためておけば冷房や冷蔵のために利用でき、電気の使用量を大幅《おおはば》に削減《さくげん》できます。雪という存在は、省エネ技術の中にしっかりと組み込《こ》んでいくべきだと思います。

最近は、少しずつ自然エネルギーも注目されていますが、まだまだエネルギーの主流は石油や天然ガスなどの化石燃料です。けれど、それらのエネルギー源は遠い外国の地中深くから掘り出され、わざわざ運んでこなければならないものなのです。

一方、雪はどうでしょうか？　お金を一円も払《はら》わなくても、冬になると空から降ってくる自然の贈《おく》りものです。純国産《じゅんこくさん》であり、再生可能な資源なのです。資源の少ない日本で、この豊富なエネルギーを利用しない手はないはずです。

「雪を捨《す》てたい人」と、「雪を利用したい人」の思いを組み合わせ、システムとして上手に機能させていきたい。まだまだ日本中に、ただ捨《す》てられるだけ、とけるのを待っているだけの雪がたくさんあるのです。

4章 僕は安塚のスノーマン

雪のない土地からやって来た

名古屋、静岡、そして雪国へ

僕は愛知県の名古屋で生まれました。めったに雪の降らない土地です。だから、僕にとって雪といえばスキー。冬休みのたびにスキー場を訪《おとず》れていましたが、雪は非日常的な存在《そんざい》で、遊ぶために必要なもの。生活の中にあるものだとは考えたことがありませんでした。

そんな僕が、なぜ豪雪地《ごうせっち》の安塚町《やすづかまち》にやって来て、雪を使った仕事をするようになったのか。この章では、自分のことについて書いてみようと思います。

僕は、父親の転勤《てんきん》が多かったこともあり、子ども時代は愛知県内を転々とし、横浜市内にも数年住んでいたことがあります。その後、進学のために静岡県浜松市でも暮《く》らしました。浜松市はホンダ、スズキなど自動車メーカーが誕生《たんじょう》した工業地域である一方、浜名湖のウナギ、みかんなどの農水産物が豊富な温暖《おんだん》な地域です。冬、風は冷たいですが雪はほとんど降り積もることはなく、ここもやはり雪とは縁《えん》のない土地です。

その僕が雪エネルギーの研究にかかわるようになったのは、北海道室蘭市《むろらんし》にある室蘭《むろらん》工業大学に入ってからのことです。それまでスキーで北海道を訪《おとず》れたことはありましたが、寒さの厳《きび》しい北の大地での暮《く》らしは経験したことがありませんでした。

室蘭《むろらん》工業大学で、僕は恩師《おんし》となる媚山政良《こびやままさよし》先生と出会いました。先生は世界で初めて雪を使った冷房システムを開発した人で、「雪冷房」という言葉の産みの親でもあります。先生の研究室に入れていただいたことで僕のいまがあるわけですが、じつは最初から雪エネルギーの研究がしたかったわけではありません。

そもそも室蘭《むろらん》に行ったのは、自動車のエンジンに関する研究がしたかったからです。ものごころついたころから工作が好きで、家にある家電を分解して、父親から「こわすのではなく、つくることを勉強しなさい」としかられたことを記憶しています。

僕の少年時代はまさにＦ１《エフワン》ブームでした。自動車の最速を競うフォーミュラーカーは、空《くう》気抵抗《きていこう》を極限まで減らした車体、とどろくエキゾーストノート（エンジン音）など、機械好きで車好き少年たちの憧《あこが》れでした。だから僕自身の将来の夢もエンジニアになることだったのです。

そのために大学の工学部に入ってエンジンの研究をしたかったのですが、残念ながら自分の勉強のエンジンがかかるのが遅《おそ》く、希望の大学には受かりませんでした。浪人《ろうにん》の末、入学したのは静岡県浜松市にある静岡大学工業短期大学部です。ここは静岡大学工学部に併設《へいせつ》した短大で、目指していた四年制大学ではなかったので、正直、最初は不本意でした。

けれど、北は北海道から南は沖縄まで、ものづくりが大好きな仲間とめぐり会えたことで、自分の意識が変わりました。人生でそれまでなかったくらい授業に集中し、仲間といっしょにものづくりサークルも立ち上げ、エコラン（一リットルの燃料でどれだけの距離《きょり》を走れるかを競うレース）にも参加しました。

そんなふうに、勉強やサークルで充実《じゅうじつ》した時間を過ごしていましたが、短期大学だったため、あっという間に卒業の時期が近づいてきました。もっと勉強をして技術を身につけ、少年時代からの夢であるエンジニアになりたい。その思いが日に日に強くなり、僕は北海道の室蘭《むろらん》工業大学に三年生から編入《へんにゅう》することを決めました。

運命を変えた先輩との出会い

勉強しようと大学に編入《へんにゅう》したのですが、北海道に行ったとたんアルバイトにあけ暮《く》れるようになりました。

そもそも、実家のある名古屋と短大のあった浜松は新幹線で三〇分ほどの距離《きょり》。実家に帰ろうと思えばあっという間に帰省できます。しかし、遠く北海道まで来たからには、厳《きび》しい環境で自分をきたえるつもりで、親からの仕送りのお金も減らして自分を試してみようと考えたのです。

近くのコンビニで夜間のアルバイトをして、明け方になると部屋にもどり、着替えてすぐ大学に行く。授業が終わると友だちと遊んで、夜はそのままアルバイトへ……そんなむちゃくちゃな生活を繰《く》り返していたら、たまたまバイト先で同じ大学の大学院に行っている先輩《せんぱい》から声をかけられました。

「おまえなら、うちの研究室でもやっていけそうだな。来てみないか？」

「えっ、どういうことですか？」

話を聞くと、そこは媚山政良《こびやままさよし》先生が指導教官をつとめる研究室で、名前を「熱エネルギー工学研究室（通称《つうしょう》・熱エネ）」といいました。しかも、エンジンという「熱い熱エネルギー」と、雪という「冷たい熱エネルギー」の両方を研究しているとのことでした。

僕はもともとエンジンに興味があったので、熱エネルギーといえば熱いものとばかり思っていましたが、温度を上げるだけでなく下げる熱エネルギー（＝冷熱《れいねつ》）があることをこのとき初めて知りました。そして、そのために用いられるのが雪。すごく北海道らしい研究だなと感じ、興味を持ちました。

当時、媚山《こびやま》先生の右腕として雪の研究していたのが中国人留学生の王愛栄《ワンアイロン》さんです。王《ワン》さんは中国人ですが、やたらと日本語が上手で、中国で技術者として働いた経験もあるため、話が具体的で面白い。聞いているだけでワクワクしてくるのです。そして、王《ワン》さんがこんなに熱くなれる雪の研究を手伝ってみたい、やってみたいと思いました。

王《ワン》さんに限らず留学生は、目的や目標を持って日本に来ています。時間に限りのある留学生活の中で、何かを自分のものにしたいというパワーは、日本人よりもよほど強くあります。だから日本語もぺらぺらだし、研究にかける情熱が違《ちが》います。

雪という冷たい熱への関心と、王《ワン》さんの人柄《ひとがら》にひかれて研究を始めましたが、実際、雪の研究は、研究室の中でもハードなテーマのひとつでした。王《ワン》さんはドクター（大学院の博士《はかせ》課程《かてい》）ですが、僕はそのときまだ大学四年生。面白そうだという興味だけで始めたものの、実際は周囲から「おまえに雪の研究は無理じゃないか」と言われる始末でした。

僕が取り組んだのは、「雪はどのようなとけ方をして空気を冷やすのか」についての研究でした。言葉で表すのは簡単《かんたん》ですが、その現象を実際に観察するのはすごく難《むずか》しいことが、研究を進めれば進めるほどわかってきます。それでも実験を重ね、少しずつでも未知の事実が解明されてくると、がぜん面白くなってきます。僕は雪の研究にどんどんひかれていきました。

もうひとつ、僕が雪の研究にひかれたのは、指導教官の媚山《こびやま》先生の魅力《みりょく》です。先生は現場第一主義の人でした。研究室にこもって研究をするより、実際に雪のあるところへ出かけ、現場の声をひろうことを大事にしていました。そして、それをまたよりよい技術開発へとつなげていくのです。

まだ大学四年生でしたが、先生のお手伝いをするためにあちこちへいっしょに出かけて行くうちに、北海道の農業における雪利用の可能性を感じました。また、エンジニアは困っている現場で実際に使える技術を開発しなくてはならないことも教えられました。先生は「使えない技術は意味がない。役立ってこそ技術なんだよ」とよく語っていました。

そうやってさまざまな刺激《しげき》を受けるうちに、僕は大学を卒業したら大学院に進み、先生の研究室で学ぼうと決めました。ところが、決断がぎりぎりだったことや大学院試験を軽く見ていたため、受験に失敗してしまうのです。

大学受験の失敗に続き、これで二度目の失敗でした。「また同じ失敗をするなんて……ぜんぜん成長してないじゃないか」。ひどく落ち込《こ》みました。

研究室に通う浪人生

大学院に合格できなかったのは、自分のせいでした。もっと研究がしたかったけれど仕方ありません。この先、どうしたらいいだろう。就職活動はまったくしていなかったので、働き口もありませんし、そもそも働く覚悟ができていませんでした。

「名古屋に帰ろうかな。それとも外国に語学留学しようか……」

そんなことをポロッと言ったら、また留学生の王《ワン》さんからしかられました。

「おまえは日本人だから、あまえたことを言うんだ。オレは中国人で、日本人みたいに自由に自分の行きたい国に行けるわけじゃない。なんとか日本に来られたから、必死で雪の研究に全力を注いできたんだよ。おまえには、研究を続ける情熱はないのか?」

まったく、返す言葉がありませんでした。

「そうだよな、ここまでやってきたんだ。逃《に》げてはダメだ」

心の中にあったエンジニアになる夢と、雪の研究への思いが、再び燃え上がってきました。

「浪人《ろうにん》して真剣に勉強し直し、もう一度大学院を受験しよう」

室蘭《むろらん》に残って浪人《ろうにん》生活をすると心が決まると、媚山《こびやま》先生から声がかかりました。

「大学院に入った学生は修士《しゅうし》(マスター=MASTER)課程《かてい》の一年生ということでM1(エムイチ)と呼ぶけれど、おまえは特別にM0(エムゼロ)だ。いいから、研究室に来て受験勉強しなさい」

媚山《こびやま》先生特有の、決めつけるような言い方でしたが、大学院に落ちたのに研究室に来ていいという特別なはからいでした。

M0の僕は、試験勉強をするだけでなく、研究室の「何でも屋」になりました。実験施設のデー

写真右はしが利雪研究の第一人者である媚山政良先生。左はしが筆者。
アフリカ・キリマンジャロ登山のときの写真。

タ収集のお手伝い、実験装置《そうち》の取り付け、片道《かたみち》三時間のデータ回収《かいしゅう》のための運転手……そうしたさまざまなお手伝いをしながら、翌年《よくねん》はなんとか大学院の試験に合格することができたのです。

大学院時代は、研究にも夢中になりましたが、研究室全体のようすがわかってくると余裕《よゆう》も生まれ、仲間の恋愛《れんあい》から就職《しゅうしょく》までなんでも相談にのりました。

熱エネはとても仲の良い研究室で、夜、媚山《こびやま》先生がやってくると、「お、がんばってるね。じゃあ一杯《いっぱい》やろうか！」としょっちゅうお酒をふるまってくれました。すると学生も心得《こころえ》たもので、てきぱきと机《つくえ》を並《なら》べなおし、さっとおつまみを買いに出かけ、あっという間に宴会《えんかい》の始まりです。

先生はそうやって学生と交流しながら、それぞれの研究に耳をかたむけ、「最後は責任《せきにん》を持つからがんばりなさ〜いっ」と背中《せなか》をポンと押《お》してくれるのです。いま振《ふ》り返ると、ほんとうに幸せな時間だったと思います。

こうして、忙《いそが》しくも楽しい大学院での二年はあっという間に過ぎ、いよいよ就職《しゅうしょく》を考える時期が来ました。

雪のエンジニアってなに？

僕が大学院を出るころは不景気《ふけいき》で、みんなが就職活動《しゅうしょくかつどう》に必死でした。けれど、僕にはあまりピンとくるところがなく、将来《しょうらい》を決めかねていました。

このまま大学に残って雪の研究を続けたい反面、かねてからの夢であったエンジニアとして自立し、社会に出たいと思う気持ちも交差し、とても悩《なや》みました。

しかし、雪の研究をして生計を立てるのは、現実的には難《むずか》しいこともわかっていました。結局、僕はエンジニアの道を選ぶことを決心し、雪への思いを自分のなかで封印《ふういん》しました。遅《おく》ればせながら就職活動《しゅうしょくかつどう》を始め、なかなか就職《しゅうしょく》先が決まらずにあせりを感じはじめたころ、思いがけずある機械関係の会社から内定をいただくことができました。

春からいよいよ社会人だ——。ホッとしてその第一歩をふみだす日を待っていたとき、指導教官の媚山《こびやま》先生に呼ばれました。

「新潟の安塚《やすづか》町に行ってみないか？」

新潟？　安塚《やすづか》町？　急にそう言われたので、いつものように研究のための出張かと思ったのですが、どうやら違《ちが》うようです。

「安塚《やすづか》町が『雪のエンジニア』を募集《ぼしゅう》しているんだよ」

雪のエンジニア？　そんな職種はいままで聞いたことがありません。

「え？　先生、僕が就職《しゅうしょく》の内定をもらったのはご存知《ぞんじ》ですよね？」

そう聞くと、先生は言いました。

「知っているよ。でも、なぜだか、おまえの顔しか思い浮《う》かばなかったんだよ。ためしに一度見てみたらどうだろう？」

正直、こころが揺《ゆ》れました。先生からそこまで言ってもらえるなんて光栄なことです。しかも、あきらめたはずの雪の仕事ができるかもしれない。そう思うと、封印《ふういん》したはずの雪への思いがもう一度わきあがってきました。

「とにかく現地を見てみよう」

僕は一九九九年一〇月、初めて安塚《やすづか》町に足を踏《ふ》み入れました。

安塚《やすづか》は長野県との県境にある、山あいの小さな田舎町でした。とにかく雪が多く降る地域で、多い年は積雪が四メートルにもなる、県内でも有数の豪雪地《ごうせっち》です。町では当時から雪を利用した冷房施設を建設するなど、雪を逆手にとった町づくりに取り組んでいました。役場の人に聞くと、これからは雪をエネルギーとして積極的に活用していきたいと考えているとのことでした。

けれど、雪を保存《ほぞん》する場所や雪を使った冷房施設に案内してもらうと、秋だったので雪はとけてなくなっていましたが、雪をおおうためのシートが汚《よご》れたまま放置されているなど、きちんと雪利用の体制ができていないようにも感じました。また、そうした光景を前にしても、役場の人もどうしていいかわからないようでした。

このときふと、媚山《こびやま》先生の「役立ってこそ技術だ」という言葉が頭に浮《う》かびました。安塚《やすづか》なら、僕がいままで学んできたことが活かせるんじゃないだろうか。情熱を注いできた雪の技術が実践《じっせん》できたら、どんなにすばらしいだろう……。

その夜、僕は民宿に泊まりました。おいしいごはんをいただくと、気持ちがすっかり安塚《やすづか》にかたむいているのが自分でもわかりました。

就職《しゅうしょく》が内定していたのはある大手企業で、日本はおろか世界中に事業所がありました。僕の実家の名古屋のそばにも事業所があり、きっと親も安心してくれると考えたのも就職《しゅうしょく》を決めた理由のひとつです。

安塚《やすづか》への思いを両親に話すと、「どうして？ せっかく内定をいただいたのに」とやはり反対されました。僕自身のこころも揺《ゆ》れました。すると、幼なじみの同級生がこう言ってくれたのです。

「雪の仕事がやりたいと気持ちは決まっているんでしょ？ もう会えないような遠い場所に行くわけじゃないし、何かあったら戻《もど》ってくればいいよ」

正直、この言葉に救われた気分でした。そもそも、安塚《やすづか》町に知人がいるわけでもありません。たったひとりで飛《と》び込《こ》んで本当に大丈夫《だいじょうぶ》だろうか？ ましてや、〝雪のエンジニア〟など、これまで世の中になかった、まったく新しい仕事です。自分にできるんだろうか？ 本当に生活していけるんだろうか？ とても不安でした。けれど、やっぱり雪にたずさわりながら人生を生きてみたい――。僕は親友の言葉に背中を押してもらい、安塚町《やすづかまち》の「雪だるま財団」に

雪を届ける「雪の宅配便」など、ユニークな取り組みで知られる新潟県安塚町（現在は合併して上越市）。

お世話になることを決心しました。

二〇〇〇年四月、僕は安塚《やすづか》で雪のエンジニアとしての人生をスタートさせました。はからずも、最初に悩《なや》んだ雪への思いとエンジニアへの思いを同時に満たす就職《しゅうしょく》ができたのです。内定をことわり、迷惑《めいわく》をかけた方々にちゃんと仕事をしていることを知らせるためにも、しゃかりきに働き始めました。

政治の力で雪を「新エネルギー」に

当時、安塚《やすづか》町の矢野学《やのまなぶ》町長（現・新潟県議会議員）は再選を果たしたばかり。選挙の公約では、「町の公共施設に雪エネルギーを導入する」ことをかかげていました。

もともと、安塚《やすづか》は雪を発泡《はっぽう》スチロールに入れて全国に売り出した町です。町民は雪がビジネスになることを知っていたし、町長は雪エネルギーを普及《ふきゅう》させたいという考えを持っていました。雪をネガティブにとらえるのでなく、地域の財産・個性として光を当てたい。そこで町が出資して、雪を利用する研究や実践《じっせん》する組織として「雪だるま財団」をつくったのです。

財団の新入職員となった僕の最初の仕事は、「雪を新エネルギーとして国に認《みと》めてもらう」というプロジェクトの資料づくりでした。雪のエンジニアとして安塚《やすづか》に来たはずが、なんだかえらいことになったと思いました。

新エネルギーとは、まだあまり普及《ふきゅう》が進んでいないものの、技術的にはほぼ実用化されていて、今後は国として積極的に普及《ふきゅう》を進めていくエネルギーのことを指します。たとえば太陽光、風力、地熱などがあげられます。

僕が雪だるま財団に入った当時、雪はまだ新エネルギーとしては認《みと》められていませんでした。町長は、雪を新エネルギーに認めてもらうため、国に積極的に働きかけようとしていたのです。そのため、ほかの雪国ではどうやって雪を活用しているのか。全国には雪を利用したどんな施設があるのか。くわしい資料をつくる必要があったのです。

雪が新エネルギーに位置づけられれば、それを推進《すいしん》するために国の予算がつきます。そうすると雪利用に拍車《はくしゃ》がかかり、ますます全国に普及《ふきゅう》していくことになるでしょう。安塚《やすづか》だけでなく、ほかの豪雪地《ごうせつち》でも行動や意識が変わっていくはずです。


安塚《やすづか》に来てみてわかったことですが、町長は雪利用の問題に取り組むうちに、僕の恩師《おんし》の媚山《こびやま》先生と出会い、「雪を新エネルギーにしよう」という話で意気投合《いきとうごう》したようです。そのためには国に働きかける必要がありますが、安塚《やすづか》にはくわしい人がいません。そこで、僕に白羽《しらは》の矢が立ったというわけです。

事情を知らないまま雪だるま財団の新入職員になった僕は、ビジネスバッグすら持っていませんでした。それでも、働き始めるとすぐ、町長といっしょに毎月のように国会のある霞《かすみが》ケ関《せき》に通うことになりました。自分でまとめた資料をかかえ、国会議員の事務所や、農林水産省、通商産業省（現・経済産業省）などの省庁で説明や陳情《ちんじょう》をするのです。ほんの少し前まで学生だったのに、こんなことをしているとは自分でも驚《おどろ》きでした。

また、当時、「全国明るい雪自治体連絡協議会」が結成され、雪国の元気な市町村長たちを集めて情報交換《じょうほうこうかん》をする、通称《つうしょう》「雪サミット」も開かれるようになりました。

そうしたさまざまな地域の地道な取り組みの成果もあり、とうとう二〇〇二年、新エネ法（新エネルギー利用等の促進《そくしん》に関する特別措置法《とくべつそちほう》）が改正され、雪は新エネルギーのひとつに位置づけられたのです。

当時、僕は新エネルギーを審査《しんさ》する国の会議を特別に傍聴《ぼうちょう》させてもらいました。そのときに配布された資料には、自分が取りまとめたデータが引用されており、そこに「雪だるま財団調べ」と書いてありました。それを見て、安塚《やすづか》に来て、右も左もわからないときから取り組んできた活動が実をむすび、自分もその歴史的な場面に立ち会えたんだなあと感無量《かんむりょう》でした。帰りのエレベーターの中で、利雪の専門家として会合に参加していた媚山《こびやま》先生から小声で「決まったね」と言われ、握手《あくしゅ》をしたことを覚えています。

この結果は多くの方々の努力によるもので、力を合わせて成し得た充実感は、忘れることができません。同時に、これからは「雪や雪国が表舞台《おもてぶたい》に立つ」と実感した瞬間《しゅんかん》でもありました。

雪がお金を生む時代へ

世界に目を向けると、北欧《ほくおう》などには雪冷房を取り入れている国がありますが、雪そのものを新エネルギーとして法的に位置づけている国はありません。前にも述べましたが、日本のように豪雪地帯《ごうせっちたい》に人が住んでいる国は少ないからです。ほかに類を見ないという意味でも、この法律《ほうりつ》は画期的です。

この法律《ほうりつ》に先駆《さきが》けて、新潟県は雪氷冷熱《せっぴょうれいねつ》エネルギーへの支援《しえん》を始め、二〇〇二年には安塚《やすづか》小学校の食堂と厨房《ちゅうぼう》に雪冷房が導入されました。小学校に導入されたのは世界で初めてのことです。

そして、雪を新エネルギーとして認《みと》めた国の支援《しえん》を受けて、二〇〇四年には安塚《やすづか》中学校の全教室に雪冷房を導入しました。

雪エネルギーを活用するのは、以前は公共施設がほとんどでした。けれど、この一〇年ほどの間に、民間企業の中で活用するケースが広がっています。これはとてもうれしいことです。雪が省エネと結びついていることを理解する人が増え、電気代をかなり節約できることも知ってもらえるようになりました。とくに東日本大震災以降、電気の節約は日本中の大きな課題となっているため、注目度は高まっています。

雪室で熟成させた豚肉。うまみが引き出され、やわらかくておいしいと評判。

また、雪室を利用した貯蔵庫《ちょぞうこ》で保存《ほぞん》することによって、野菜があまくなったり、新米のおいしさが長もちしたり、お肉をおいしく熟成《じゅくせい》できることもわかってきました。つまり、雪が新しい価値《かち》を生み出しているのです。

いま、僕が考えているのは、雪でお金をもうけられる人を増やしていくことです。かつて、矢野町長はことあるごとに語っていました。

「これからは、雪国をより良くしていかなければいけない。そのためには、雪で遊んだり雪に親しむだけの発想ではだめで、雪で経済効果をもたらさなければならないんだ」

僕もそう思います。雪がお金の節約につながったり、より多くのお金を生み出すことで、雪国への注目は高まります。それは雪国に暮《く》らす人たちの自信や誇り、郷土《きょうど》への愛も育んでくれるはずです。僕は雪のエンジニアとして、これからもそのお手伝いをしていくつもりです。

5章

捨てるものを宝ものに変える

スローフードとスノーフード

雪でどう冷やすか？

雪の冷たいエネルギーを使い、農産物などの食品を冷やして保管しておくのは「雪冷蔵」です。一方、人が過ごす空間を冷やすのは「雪冷房」です。冷蔵は鮮度《せんど》を維持《いじ》するのに必要な約〇〜五度にする必要があり、冷房は私たちが涼《すず》しいと感じる約二五〜二八度にするという違《ちが》いはありますが、基本的な仕組みは同じです。ここではその仕組みについて説明しましょう。

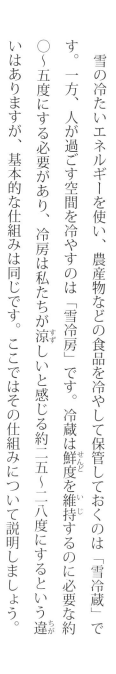

まず、雪で冷やすには、「自然対流式《しぜんたいりゅうしき》」「空気循環式《くうきじゅんかんしき》」「冷水循環式《れいすいじゅんかんしき》」の三つの方法があります。

自然対流式《しぜんたいりゅうしき》は、昔ながらのスタイルです。雪をためる雪室と、食品を貯蔵《ちょぞう》する部屋の間には簡単《かんたん》な仕切りがあり、同じ空間の中に食品を保存《ほぞん》します。冷たい空気は下に、暖《あたた》かい空気は上に流れる性質を利用するので、人の手はほとんど加えません。食品にとって乾燥《かんそう》は大敵ですが、雪はもともと水からできているので、みずみずしく保存《ほぞん》できます。

空気循環式《くうきじゅんかんしき》は、雪室の冷たい空気を送風機でそのまま部屋に送り込《こ》み、冷やす仕組みです。このシステムのよいところは、雪の表面で空気が冷えるだけでなく、空気中のごみやほこり、有害物質であるニコチン、アンモニア、ホルムアルデヒド（建築資材の接着剤《せっちゃくざい》などに含《ふく》まれる化学物質。アレルギーやがんの原因になる）等を雪が吸着《きゅうちゃく》してくれること。空気がきれいになり、同時に消臭《しょうしゅう》効果も生まれます。

冷水循環式《れいすいじゅんかんしき》は、雪室の冷たい雪どけ水を利用して冷やす仕組みです。直接冷たい水を部屋まで導いて冷やす方式や、循環水《じゅんかんすい》である不凍液《ふとうえき》を雪どけ水で冷やして熱交換させる方式があります。熱交換方式の場合、循環水《じゅんかんすい》は熱交換器によって雪どけ水に熱を受け渡《わた》し、暖《あたた》かくなります。それが雪室に戻《もど》って雪をゆっくりとかし、冷たい水をつくります。そして、冷たい水で冷えた循環水《じゅんかんすい》を冷風に変え、部屋の温度を下げるのです。

自然対流式《しぜんたいりゅうしき》は、電気をまったく使わないので、経済的《けいざいてき》にとてもすぐれています。空気循《くうきじゅん》

自然対流式《しぜんたいりゅうしき》

雪室の冷たい空気で自然に冷やす。電力は一切使わない。

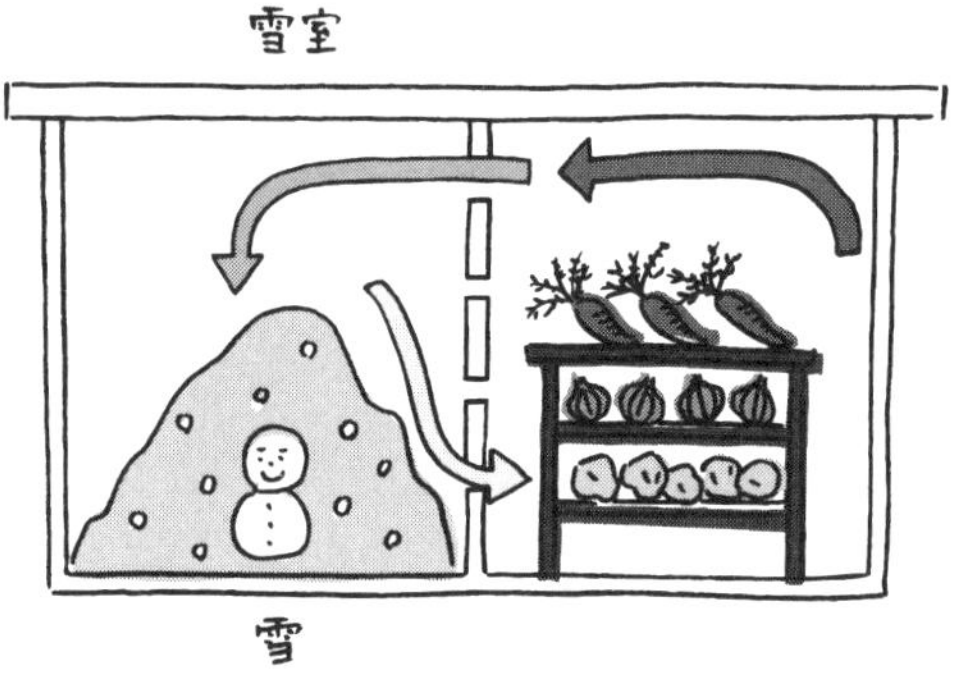

空気循環式《くうきじゅんかんしき》

雪室の冷たい空気を、送風機で送って冷やす仕組み。

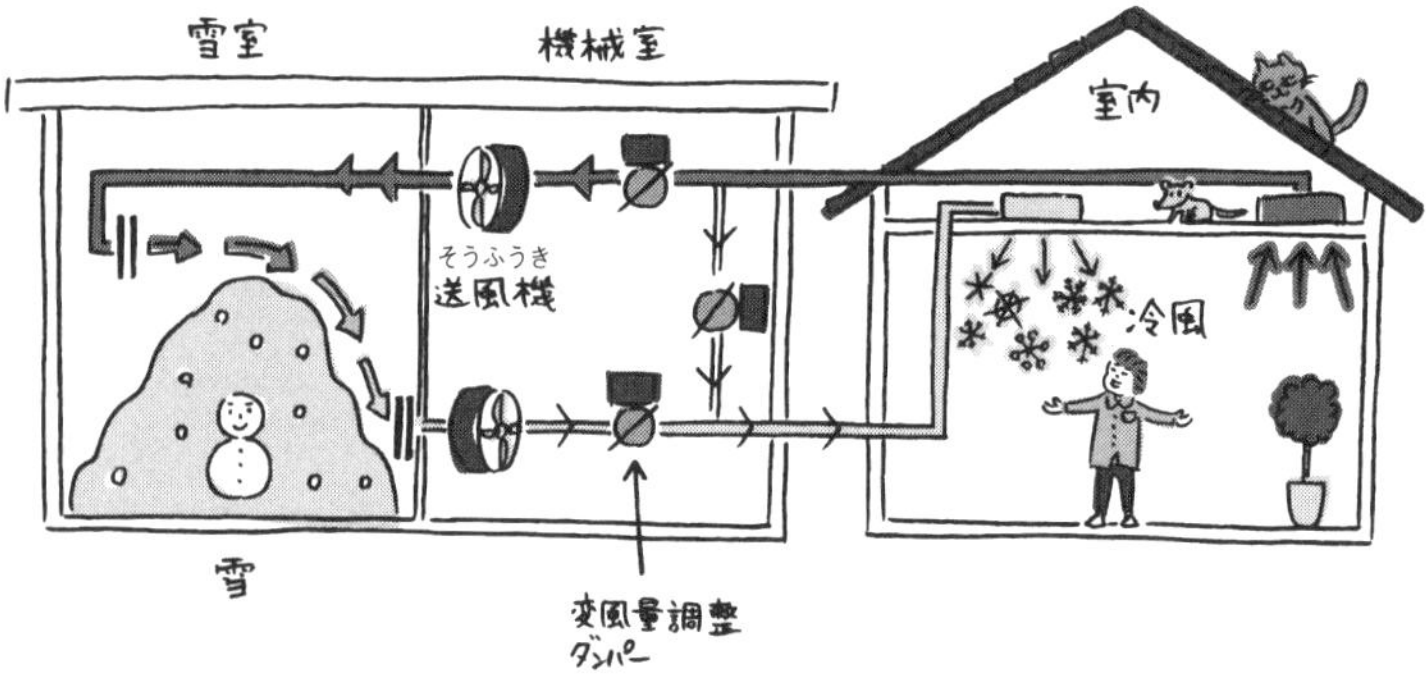

冷水循環式《れいすいじゅんかんしき》

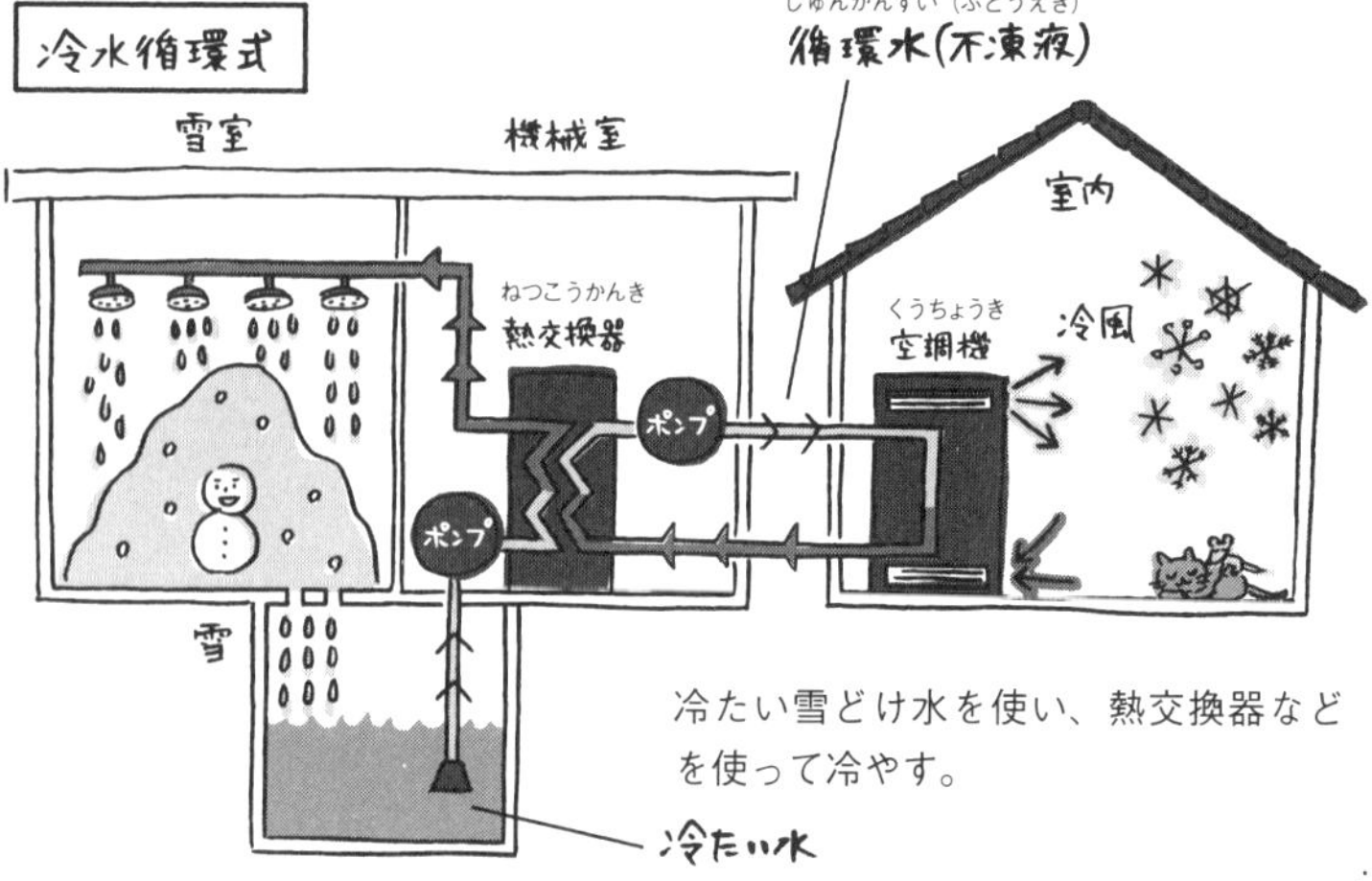

冷たい雪どけ水を使い、熱交換器などを使って冷やす。

環式《かんしき》と冷水循環式《れいすいじゅんかんしき》は、冷たさを伝えるのに機械を使うので少し電力が必要になりますが、大《だい》規《き》模《ぼ》な施設を安定的に冷やし、好みの温度や湿度《しつど》に調整することができます。雪冷蔵・雪冷房は、こうしたそれぞれの特長をいかしながら、施設のニーズに合わせた方法が選ばれることになります。

効率の低さは助け合いの精神で

雪が新エネルギーに位置づけられてから、雪冷房を設置する個人住宅も少しずつ増えましたが、実際に導入するには大きなハードルがあります。費用の問題もあるのですが、雪冷房をするためには大量の雪を夏までとっておく雪室の建設が必要だからです。

たとえば、石油ポリタンク一個分（一八リットル）のエネルギーを雪からとりだそうとすると、電話ボックス二《に》棟《とう》分（約二トン）の雪が必要になります。石油なら簡単《かんたん》に持ち運べますが、これほどの雪は持ち運べません。

太陽光など、ほかの自然エネルギーも同じことですが、自然を使いやすいエネルギーに変換《へんかん》するには、効率的な技術と量がどうしても必要です。

たとえば風力発電は、うちわであおぐくらいの風では、発電量はわずかです。大きな羽を強い風でぐるぐる回さないと大規模《だいきぼ》な発電はできません。そこで、みんなが知っているあの巨大風車が必要になります。

太陽光発電も小さな太陽光パネルでは発電量が少なくてあまり役立ちません。家の屋根くらいの広さがあれば三〜五キロワットの発電ができますが、それが広大な場所に設置するメガソーラー（一〇〇〇キロワット以上）になると効率もよく、発電量が格段《かくだん》に上がります。ただし、天気が悪く太陽光線が少ないときや夜は発電することができません。

それに比べて化石燃料（石油、天然ガスなど）は、太陽光、風力、雪などよりずっと少ない量で、大量のエネルギーが得られます。原子力発電に使われるウランなどは、ひとにぎりの量で小さな町一年分の暖房《だんぼう》ができると言います。ただ、いったん事故が起きて放射能《ほうしゃのう》で汚染《おせん》されれば大変なことになります。また、石油などの化石燃料も、資源量に限りがあります。

自然エネルギーは効率がよいとはいえませんが、地球環境を傷《きず》つけないし、資源量は無尽《むじん》蔵《ぞう》です。雪冷房をするときも、個人の住宅ではなかなか採算《さいさん》が合いませんが、そこは知恵を使ってうまく工夫すればよいのです。たとえば、ご近所同士で雪室を共同で設置するのはどうでしょうか。夏まで雪をとっておくにはかなりの量が必要ですが、ご近所で協力して除雪作業をおこなえば大変さも軽減されます。

雪国には、昔ながらの「結《ゆい》」の精神が残っています。結とは、秋の稲刈りを手伝い合ったり、屋根の葺《ふ》き替えを手伝い合ったりする共同作業のこと。ご近所が互《たが》いに助け合う精神です。近所にひとつ雪室があれば、雪の捨《す》て場にも困《こま》らなくなるし、夏にはみんなの共同冷蔵庫にもなります。

いまの時代は「自分のことは自分で」という自立ばかりが求められますが、近くにいる人が協力し合い、雪室を楽しみながら普及させていけたらすてきだと思うのです。

雪が食べものをおいしくする

雪の中で野菜を保存するとあまくなる。昔から、雪国の人は体験的にそのことを知っていました。だから、冬になると多くの家庭で、玄関先《げんかんさき》の雪の中に野菜などを保存《ほぞん》したのです。なぜ雪室に入れるとおいしくなるのでしょうか？

電気冷蔵庫の中では、同じ温度に保つためにサーモスタット（温度調整装置《そうち》）が働いています。サーモスタットは、設定温度になるとスイッチが自動的に切れ、しばらくすると庫内の温度が上がるので再びスイッチが入り、設定温度まで下げる装置《そうち》です。電気冷蔵庫はこの動作をずっと繰《く》り返しています。そのため、機械の性能にもよりますが、どうしても庫内には一定の温度差が生じることになります。また、モーターなどの機械が動くたびに冷蔵庫は細かく振動《しんどう》しています。

一方、雪室の温度は〇度に近く、湿度《しつど》は常にほぼ一〇〇パーセントに保たれています。低温多湿《たしつ》で安定しており、温度と湿度《しつど》の変化はほとんどありません。さらに静かで振動《しんどう》もなく、光も入ってきません。

野菜や米などの作物は生鮮食品《せいせんしょくひん》です。収穫《しゅうかく》したあとも生きて呼吸《こきゅう》しているため、空気中の酸素と反応して酸化《さんか》し、鮮度《せんど》が落ちます。けれど、雪室で安定した状態で低温保存《ほぞん》すれば、呼《こ》吸《きゅう》が抑《おさ》えられ、酸化《さんか》を防ぎ、鮮度《せんど》を保つことができます。また、一定の湿度《しつど》があるのでひからびたりすることもありません。

食品保存《ほぞん》には、冷凍《れいとう》する方法もありますが、冷凍《れいとう》は食品の細胞を凍《こお》らせてしまいます。雪室の中は、細胞が凍《こお》らないぎりぎりの温度。すると、野菜は「凍《こお》ったら死んでしまう。凍《こお》らないよう生きのびるぞ！」とがんばりはじめます。凍《こお》らないために、自分の持っているでんぷん質を糖《とう》に変えたり、細胞液を濃《こ》くしようとするのです。

人間がこれを食べると、あまさやうまみを感じます。とくにでんぷん質の高いジャガイモや大根やニンジンなどの根菜類は、雪室で貯蔵《ちょぞう》した場合と電気冷蔵庫で貯蔵《ちょぞう》した場合では、はっきりと味やみずみずしさが違《ちが》います。

これはあとで説明しますが、科学的なデータでもその事実はきちんと証明されています。つまり、雪室をつくれば、一年中そのおいしさを、電気代をかけずに味わうことができる。食品保存《ほぞん》にとって雪室はゆりかごのような最高の環境ともいえるのです。

雪室効果を科学で証明したい

おいしさとはあいまいなものです。「なんとなくおいしいね」なら、だれでも言えます。でも、それではやっぱり真実味がありません。僕は雪室貯蔵《ちょぞう》した食品のおいしさをなんとか科学的に証明したいと思い、東京農業大学の高野《たかの》克己《かつみ》先生を中心とした研究者の方々にお願いして、雪室貯蔵《ちょぞう》の成果を実証《じっしょう》するため研究会を立ち上げました。

高野先生は現在、東京農業大学の学長ですが、もともと食品中のタンパク質や酵素《こうそ》など、分《ぶん》子《し》構造《こうぞう》の解析《かいせき》を専門に研究されてきたスペシャリストです。

「電気冷蔵庫とどう違《ちが》うの？　いまさら雪室でもないでしょう」

じつは、最初にお願いしたときは先生方からはあまり興味を示していただけませんでした。かつての電気冷蔵庫は、食品の乾燥《かんそう》が大問題でしたが、いまでは機能が向上し、温度や湿度《しつど》も自由自在。食品にとって良好な環境をつくり出すことが可能になっています。大学の先生方は、あえて雪室に目を向ける時代でもないだろうと考えていたようでした。そこで僕は本心をうちあけました。

「雪を使うことで、何でもおいしくなるというバラ色の話を求めているわけではありません。でも、雪室貯蔵《ちょぞう》した食品には、明らかに味が違《ちが》うと感じるものがあるのも事実です。それがなぜなのかをぜひいっしょに考えていただきたいのです」

雪室について何度もご説明するうちに、半信半疑《はんしんはんぎ》だった先生方も、その隠《かく》れた可能性に少しずつ興味を持ってくださったようです。高野先生のお声がけもあり、その道に精通《せいつう》した一流の先生方が参加してくださり、研究内容も広がっていきました。そして、先生方の熱意のおかげで、現在、雪室貯蔵《ちょぞう》した食品のおいしさが少しずつデータ化されてきています。

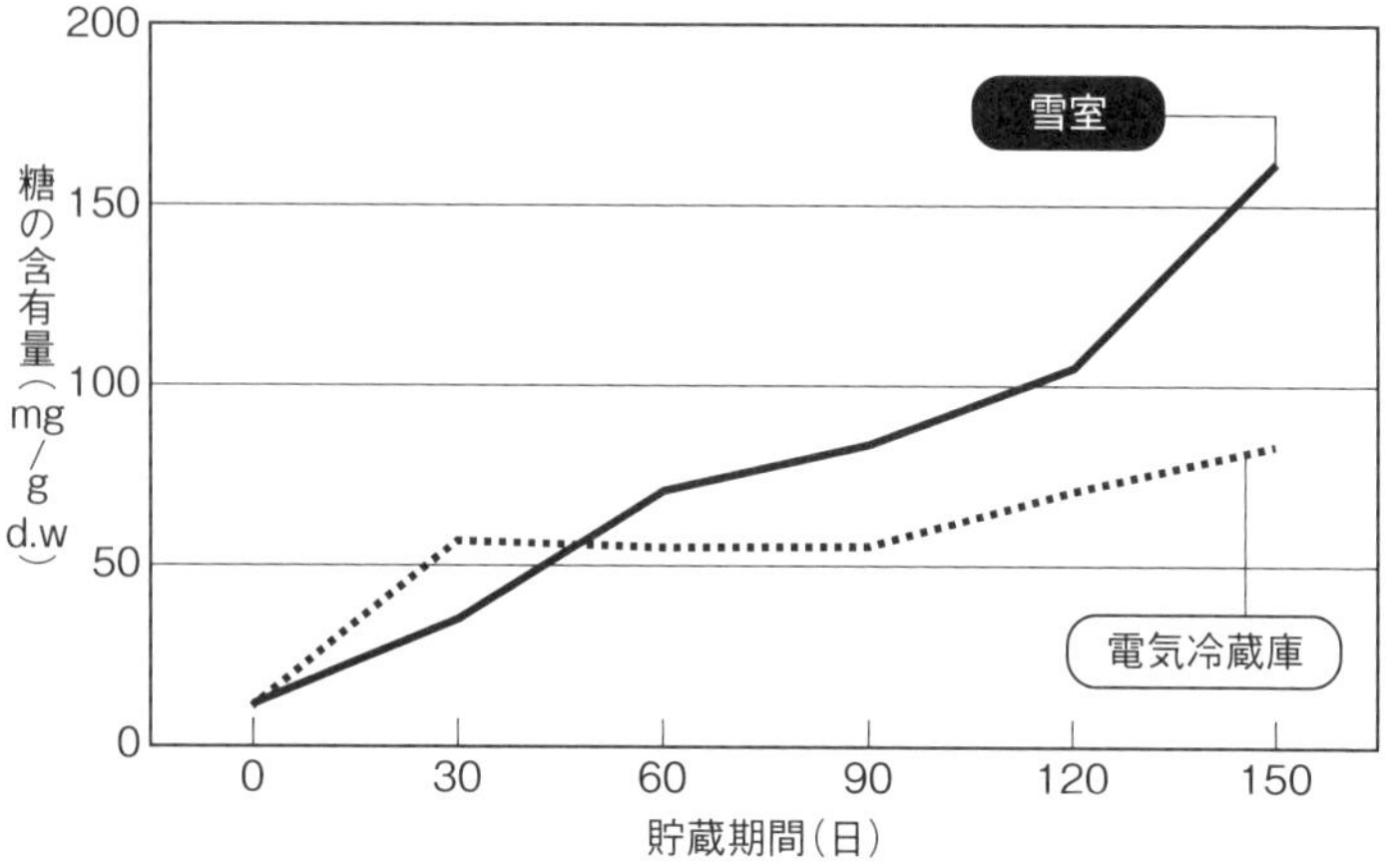

ジャガイモにおける糖の増え方

（新潟県農業総合研究所食品研究センター資料より作成）

雪室に貯蔵《ちょぞう》しておくことで、いくつかの食品は、おいしさ（食味）の裏付《うらづ》けとなる成分の数値がはっきりと上がります。たとえばジャガイモ。雪室と電気冷蔵庫で一五〇日間貯蔵《ちょぞう》したものを比べると、うま味の一種であるアミノ酸《さん》には大きな違《ちが》いは見られませんでした。しかし、糖《とう》の量を比べると、電気冷蔵庫はある段階《だんかい》からほとんど変化しませんが、雪室はどんどん増加していき、およそ一五〇日目には二倍の差がつきました。

また、香気成分《こうきせいぶん》についても興味深い結果がでています。これは食品に含《ふく》まれている香りやにおい成分のことです。自分で試してみるとわかりますが、鼻をつまんでコーヒーを飲むと、味がまったくわからなくなります。人は、食べものや飲みものを味わうとき、まず香りのセンサーでおいしさを感じとっているのです。

たとえば、温度の高い場所で長期間置いた日本酒には老香《ひねか》が発生します。老香《ひねか》とは、文字通り古くなった香り。お酒を飲むときこの香りを感じると、どんなにいいお酒でもおいしさが半減するといわれます。常温、電気冷蔵、雪室冷蔵の三パターンで貯蔵《ちょぞう》し、比較実験《ひかくじっけん》をしたのですが、雪室の中だけは、老香《ひねか》がほとんど発生しませんでした。

食品は、ほんのわずかな振動《しんどう》や環境の変化でも、目覚めて動き出す繊細《せんさい》さを持っていると言われています。しかも、いったん化学反応が始まると、そのスピードは加速するそうです。

雪室は、一定の低温で湿度《しつど》も高く、電気冷蔵庫のように機械の振動《しんどう》や光の影響《えいきょう》も受けません。この安定感が食品にストレスを与えず、静かに眠《ねむ》っているような状態を保ち続けるのです。

二年たっても新米の味！

新潟県南《みなみ》魚沼市《うおぬまし》は全国有数の米どころ。魚沼産コシヒカリといえば、日本でも最高級のお米として知られています。

この町のお米屋さん「吉兆楽《きっちょうらく》」では、巨大な雪室付き貯蔵庫《ちょぞうこ》で、毎年二万俵のお米を保存《ほぞん》しています。社長の北本健一郎《きたもとけんいちろう》さんは、大阪生まれの大阪育ち。米屋をやるなら日本一お米がおいしい場所に行こうと魚沼に移住して来た、元気いっぱいの人です。

北本社長は一九九六年から魚沼の米農家と契約《けいやく》し、産地直送の道を切りひらいていましたが、それだけでは満足していませんでした。これから先、インターネット通販《つうはん》が広がっていくと、いいものを安く売るのがあたりまえの時代がくる。自分たちは、お米に何か付加価値《ふかかち》をつけて売ることが必要だ。そう考えていたとき、雪だるま財団が、雪室冷蔵に取り組んでいると知ったそうです。二〇〇六年の夏、北本社長から僕のところに連絡がありました。ちょうど安塚《やすづか》で雪の会議が開かれたときで、雪室の施設見学会もあったのでお誘《さそ》いしました。

その日、町内の雪室施設をひと通り見てもらったあと、参加者のみなさんにおにぎりをふるまいました。じつはそのお米は、僕が個人的に雪室で二年間熟成《じゅくせい》してきたものです。

「えっ？　これが本当に二年前のお米？　まるで今年の新米じゃないですか！」

吉北楽の雪室付きの米倉庫。2万俵を保管できる。
700トンの雪を使い、室温は常に5度に保たれている。

ひとくち食べると、北本社長が驚《おどろ》きの声を上げました。

そうなのです。炊《た》いている途中から、子どもたちが「いいにおいがする！」と集まってくるほど香りもよく、うま味も最高だったのです。

そもそもお米は約一五度の低温倉庫で保管するのが一般的です。その温度が、あまり電気代をかけず、害虫の発生を防ぎ、品質も落ちないとされるぎりぎりの設定なのですが、どうしても梅雨の時期を越《こ》えたあたりから、味が落ちていくと言われています。時間の経過によって劣化《れっか》や酸化《さんか》が進むためです。それはゆっくり進むので毎日食べているとわかりませんが、秋になって新米を口にすると、いままで食べていたお米よりずっとおいしく感じることがありますね。これが、知らず知らずに味が落ちた証《しょう》拠《こ》なのです。

ところが、二年間雪室で貯蔵《ちょぞう》したお米は、お米の味を知りつくしている北本社長が驚《おどろ》くほど、おいしく保《ほ》存《ぞん》されていたのです。

「あのおにぎりを食べたときの衝《しょう》撃《げき》は忘れられません。すぐにうちも雪室をつくろうと思いましたから」と、北本社長はいまもよく話されます。

それから社長と僕は、二万俵入る雪室貯蔵庫《ちょぞうこ》づくりに取り組みました。一人が一年間に食べるお米が一俵（六〇キロ）と言われています。つまりこれは、二万人分のお米の倉庫。雪室も、雪が七〇〇トン入る巨大なものになりました。

北本社長は言います。

「うちのお客様は、新米のシーズンが来てもあまり喜ばないんですよ。『前の年のお米と味の差がないから、新米って感じがしない』とよく言われます。でも、これは米屋としてすごいほめ言葉だと思っているんです」

お酒の雪室貯蔵に挑戦

新潟県南《みなみ》魚沼市《うおぬまし》には、清酒「八海山《はっかいさん》」で有名な八海醸造《はっかいじょうぞう》があります。

お米とお酒は新潟の二大基幹産業。お米を貯蔵《ちょぞう》する雪室はいくつか手がけてきましたが、日本酒用の雪室はまだだなあ。そう思っていたら、八海醸造《はっかいじょうぞう》の南雲二郎《なぐもじろう》社長から「うちでも雪室をつくりたい」と声がかかりました。

場所は、名峰《めいほう》・八海山《はっかいさん》をのぞむおだやかな田園風景が広がる一角。食を通して魚沼の魅力をさまざまな角度から発信する「魚沼の里」にあります。

周囲の緑にとけ込んだ「八海山雪室《はっかいさんゆきむろ》」はとても美しい建物で、中に入ると一〇〇〇トンの雪をたくわえる雪室があり、同じ空間に日本酒三六万リットルを貯蔵《ちょぞう》するタンクがずらりと並

魚沼の里にある八海山雪室。美しい緑の中に建っている。

雪室には1000トンの雪が入れられ、日本酒36万リットルを貯蔵している。

んでいます。毎日一リットル飲んでも三六万日（！）かかる貯蔵量《ちょぞう》。これまでにたずさわった雪室の中でも最大級で、とても誇らしい仕事のひとつです。

雪室貯蔵庫《ちょぞうこ》は自然対流《しぜんたいりゅう》式で、一切電力を使わず、雪の冷気だけでお酒を冷やします。二〇一三年に完成し、タンクの中の日本酒は三年以上寝かせてから出荷《しゅっか》されます。

一般的に日本酒は、ワインや焼酎《しょうちゅう》などとちがって、長期間熟成《じゅくせい》させることはありません。お米と同じで、製造して一年くらいがおいしく飲める期間だと言われています。その常識をうちやぶって雪室熟成《じゅくせい》させる理由について、広報担当の矢野容子《やのようこ》さんがこう話してくれました。

「当社の日本酒は、通常は半年寝かせて出荷しています。そうすることで雑味がとれてまろやかな味になるんです。それが雪の中で三年間保存《ほぞん》してどのような味になるか、私たちにとってもこれは楽しみな挑戦です。背丈よりも高く降り積もり、長く厳しい冬がつづく魚沼では、雪はやっかいな存在かもしれません。けれど、私たちのお酒の原点は雪であり、魚沼の豊かな大地と食文化はすべて雪の恩恵《おんけい》から生まれているのです」

魚沼の米、水、そして雪でつくったお酒。それはまさに魚沼そのものといえる味です。

雪山が高級車になる？

雪室に貯蔵《ちょぞう》するのはお米とお酒だけではありません。僕がこれまでお手伝いした雪室の利用例をいくつか紹介しましょう。

シイタケ栽培《さいばい》をおこなっている南魚沼市《みなみうおぬまし》の「きのこはうす上村」では、二〇一三年に雪冷房を試験的に導入しました。ハウスを使ったシイタケ栽培《さいばい》には、夏の間の冷房が欠かせません。きのこはうす上村は雪室を建てるのではなく、ハウスのそばに高さ六～七メートルの巨大な雪山をつくりました。冬に雪を集め、上からモミガラをかけて、それらが飛散しないように防風用のネットでおおったのです。この雪山から冷水を取り出し、ハウスの中を冷やす雪冷房システムを考案しました。

巨大な雪山をつくり、シイタケ用の夏の冷房として活用している。

しかも、雪がとけたあとのモミガラは、そのまま土に戻《もど》って畑の肥《こ》やしになるため、ゴミも出ることがありません。きのこはうす上村では、雪冷房の導入で年間数十万円もの電気代削減《さくげん》となりました。雪室を建てるための大がかりな費用もいらないため、大喜びでこう言います。

「最近、うちのハウスの横にある雪山が、高級車に見えてきたんですよ（笑）」

農業は利益を上げることが大変な時代ですが、雪冷房によってこれまでかかっていたコストが削減《さくげん》でき、仕事をする喜びが生まれたのはうれしい限り。雪がしっかりと経済効果を生んだのです。

大手飲料メーカー・サントリーの天然水工場も思い出に残っている仕事です。鳥取県の奥大山《おくだいせん》にある天然水工場では、製造の過程《かてい》で温水が大量に使われます。工場があるのは川の上流域。工場の暖《あたた》かい排水《はいすい》をそのまま川に流すと、川の水温が上がり、周辺の環境に悪影響《えいきょう》を与えることが想定されました。温水を冷やしてから排出《はいしゅつ》することが課題でしたが、そのために電気を使えば、一年間で電気代はすごい金額になってしまいます。

そこで、雪だるま財団に相談が持ちかけられました。工場のある奥大山《おくだいせん》は雪が深い地域です。まず私たちが提案したのは「融雪貯雪装置《ゆうせつちょせつそうち》」でした。工場から出る温水でプールをつくり、冬場はそこに駐《ちゅう》車場《しゃじょう》の雪をどんどん放り込《こ》みます。そうすると雪は片《かた》づくし、工場から出た温水を冷水に変えて捨《す》てることができる。これなら積極的に除雪が進み、温水の問題も解決できます。

また、雪室もつくり、冬の終わりに雪を貯蔵《ちょぞう》し、夏になったら冷房に利用します。これによって管理棟の電気代が節約できるようになりました。子どもから大人まで、工場見学に来た人たちにも好評《こうひょう》のようです。

雪は日本の宝もの

雪室はさまざまな可能性を秘《ひ》めた技術だと思っています。ほかの技術と組み合わせることもそのひとつ。たとえば現代の冷凍《れいとう》技術はめざましい進歩をとげています。あっという間に凍《こお》らせる急速冷凍《きゅうそくれいとう》があたりまえになり、さまざまな食品が鮮度《せんど》を保ったまま保存《ほぞん》できるようになりました。

一方で、雪室が保てる食品の温度は〇～一〇度くらいです。どんなにがんばってもマイナスになることはないため、雪室で冷凍《れいとう》することはできません。けれど、「食べものをおいしくする」

という得意技があります。この雪室技術と冷凍《れいとう》技術を上手に組み合わせることで、大きな付《ふ》加価値《かかち》をつけることができるはずです。

ほとんどの食べものには旬《しゅん》があります。昔から日本人は、その食べものがもっともおいしくいただける旬《しゅん》にこだわってきました。雪室冷蔵を使えば、旬《しゅん》を逃さず保存《ほぞん》できるだけでなく、味がさらによくなります。たとえば根菜類は雪室に入れると、どんどんあまくなっていきます。旬《しゅん》の時期に収穫したジャガイモや大根を雪室貯蔵《ちょぞう》し、おいしさがピークになったときに急速《きゅうそく》冷凍《れいとう》する。そうすれば、最高の状態の野菜をいつでも提供できるわけです。もちろん、コロッケやブリ大根などに加工にして保存《ほぞん》しておくのもいいでしょう。

さらに、雪は食品の流通も大きく変える可能性があります。雪国に雪室貯蔵庫《ちょぞうこ》がたくさんできれば、大都市に向けてどんどんおいしい食品を提供《ていきょう》できます。しかも保存《ほぞん》しておくための電気エネルギーもほとんど使わず、必要なときに、一番おいしい状態で出せるわけです。雪国は、日本にとっての一大食料庫になる可能性があると思っています。

いいえ、日本だけではありません。雪国の町や村は日本海側にあることが多いので、うまくいけば、日本海をわたって中国、香港、ロシア、韓国など大陸の国々に輸出することもできるでしょう。太平洋や大西洋をわたるわけではありません。日本海という小さな海の向こう側に運ぶだけなので、それほどエネルギーを使わなくてすみます。おいしい雪室貯蔵《ちょぞう》の食品は、大陸の人たちにもきっと受け入れられるはずです。

少し前、「スローフード」という言葉が流行しました。ハンバーガーなどのファストフードに対して、各地の伝統的な食文化や食材を大切にする運動です。イタリア北部の小さな町から始まりました。

僕は、この新潟の小さな町・安塚《やすづか》から、スローフード（SLOW FOOD）だけではなく、世界に向けて、スノーフード（SNOW FOOD）を提案したいと思っています。雪は日本の宝もの。日本に新しい価値をもたらしてくれる、かけがえのない存在なのです。

6章

雪エネルギー大国、ニッポン

雪は日本と世界を救う

愛知万博と雪のモリゾー

二〇〇五年、愛知県で愛知万博《ばんぱく》（愛・地球博）が開かれ、三月から九月までの半年間、世界中から二〇〇〇万人もの見学者が訪《おとず》れました。夏の愛知県は、じりじりとこげつくような暑さになります。そこで、真夏の約一週間だけ会場の数ヵ所に、暑さ対策のための「雪のモリゾー」が登場しました。

愛知万博に登場した雪のモリゾー。口から冷気が出て子どもたちに大人気。

モリゾーは、全身緑色の森の精。万博《ばんぱく》のマスコットキャラクターで、同じ森の精であるキッコロとのコンビは当時子どもたちに大人気でした。

僕たちがつくって設置した雪のモリゾーは、高さ約二メートル、幅一・三メートルの簡易《かんい》雪冷房装置《そうち》です。おなかにはコンテナを入れ、一〇〇〇キロの雪を詰《つ》めこみます。雪と雪の間に空気の通り道をつくり、スイッチを入れてファンを回すと、冷えた空気がヒゲのあたりからヒューッと出ていくしかけでした。

本物の雪が入っているため訪《おとず》れる人はめずらしがり、会場でも評判となりました。僕は雪のモリゾーの設計と製作、雪イベントの総監督などを担当《たんとう》しました。その夏は一週間くらい万《ばん》博《ぱく》会場にはりつき、夜な夜なトラックで運び込《こ》まれる雪を受け入れ、モリゾーに補給《ほきゅう》しました。

このプロジェクトが始まったのは、万博《ばんぱく》のおよそ二年前です。当時、安塚町《やすづかまち》の矢野町長に呼ばれて言われました。

「おい、万博《ばんぱく》に雪を持って行こう!」

「え、いつですか?」

「七月だ」

雪を実際に万博《ばんぱく》会場に運び、日本の雪国を世界にPR《ピーアール》しようと考えたのです。自分が生まれ育った名古屋で雪のイベントが開催できる。心がおどりましたが、真夏の名古屋はとてつもない暑さであることは、自分自身がよく知っていました。はたしてうまくいくのか、不安の中のスタートでした。

準備が始まり、万博会場《ばんぱく》からそう遠くない岐阜県飛騨市《ぎふけんひだし》に約七〇〇トンの雪をためておきました。夏までにだいたい三割がとけると試算し、五〇〇トンが利用できる計算でした。

会場では雪のモリゾーはなかなかの人気者で、そばには雪冷房の仕組みとメッセージを書いた看板《かんばん》も立てました。

「夏に雪があれば、電気を節約して冷たい風をつくることができます。まさに自然のエネルギーを利用した天然のクーラーです」

最初は「あ、モリゾーだ！」と、何も知らずに近づいてきた子どもたちが、涼《すず》しさにびっくりし、メッセージを読んで「雪でこんなことができるんだ」と興味を持ってくれたようです。

愛・地球博は、「自然の叡智《えいち》」が大きなテーマでした。さまざまな国、企業、団体が、自然や環境をテーマに展示《てんじ》をおこない、世界中の要人も訪《おとず》れました。その中で、「雪がエネルギーになること」を多くの人に知ってもらったのは、とても意味ある出来事でした。その後の仕事をしていく上でも、僕は大きな手ごたえを感じました。

雪の価値をもっと伝えたい

昔、雪国の人たちは雪をハンディだと思うことなく、そこで生まれ、育ち、暮《く》らし、年齢《ねんれい》を重ねていきました。雪があることはあたりまえで、その恩恵《おんけい》もしんどさも味わいながら、雪とともに生きてきたのです。

かつては雪をヨイショヨイショと集めれば価値《かち》が生まれました。山から雪を船で運んでいくと、町の魚屋や料亭《りょうてい》が買ってくれたのです。雪を集め、保存《ほぞん》して、わらでくくって売りに行く場所がありました。それは冷たいエネルギー資源に価値《かち》があったからです。わずか一〇〇年前までは電気はとても貴重で、電気冷蔵庫など、どの家にもありません。だから「じゃまだども、ありがてえもんだな」と言いながら雪かきができました。つまり、雪国に暮《く》らす大きなメリットがあったのです。

けれど、時代が変わり、ものを冷やすという雪の得意な部分は、電気冷蔵庫がとって代わりました。そうなると、雪は必要のないものになってしまいます。雪は人間の暮《く》らしを制限する障害《しょうがい》としてしか見られなくなるし、半年近くも雪に閉《と》ざされる生活は、命の危険《きけん》とも隣《とな》り合わせです。

人びとの雪のない土地へのあこがれはどんどん強くなっていきました。

いまこの瞬間《しゅんかん》も、雪国の町や村からは人が減りつづけ、過疎化《かそか》と高齢化《こうれいか》が深刻《しんこく》になっています。「雪に埋《う》もれて暮《く》らしたくない」「こんな不便なところはイヤだ」。雪深いまちを歩けばそんな声が聞こえてきます。

たしかに雪国の暮《く》らしには、そこに暮《く》らす人にしかわからないつらさがあります。しかし、本当に雪はやっかいものというだけの存在《そんざい》なのでしょうか。

雪国の人たちに、もっと雪のすばらしさに目を向けてほしい。雪のない土地からやって来て、雪の力について研究し、その驚《おどろ》くべき可能性を知った僕は、いまふたたび雪を見直すべき時代になったと思うのです。

すでに雪を活用する技術は整いました。あとはどう普及《ふきゅう》させていくか。そもそも雪は、資源の少ないこの国に、毎年のようにタダで降ってくる純国産の資源です。それを使わずに、むざむざ捨《す》てるなんてもったいなさすぎます。雪利用の技術をこれまで以上に普及《ふきゅう》させていくことは、僕たち雪のエンジニアに与えられた宿題でもあるのです。

雪国に必要なのは発想力

雪との共生といっても、理想論を語るだけでは意味がありません。具体的な生活の改善《かいぜん》をひとつひとつおこなっていくことが重要です。

たとえば雪国の暮《く》らしにとって、大きな重荷《おもに》となっている除雪作業。主要な道路は自治体など行政が大型除雪機で除雪してくれますが、小さな私道《しどう》や家の玄関先《げんかんさき》まではなかなか来てくれません。

雪国以外の人でも、冬に雪が降り、家の回りをスコップなどで雪かきすることが年に数回あるかもしれません。雪国でも家の周辺は自分たちで除雪します。ただし、降る量がハンパではありません。小さなスコップなんかでは追いつかないのです。

安塚《やすづか》では、集落数軒《すうけん》で小型除雪機を所有しています。上越市と合併《がっぺい》する何十年も前、町が費用《ひよう》の半額を補助《ほじょ》してくれたため、近所の人たちがお金を出し合って購入《こうにゅう》したのです。決して安い買い物ではありませんが、それで毎日の除雪が楽になるのなら……と、多くの集落が購入《こうにゅう》しました。集落除雪のできる小さな除雪機は、現在、町内に三〇〇台くらいあります。

小型除雪機があれば、毎日の除雪作業は楽になる。安塚では集落ごとに所有している。

町では、「除雪機を買うのを手伝うかわりに、私道《しどう》は地域で除雪してください」と行政の立場をはっきりさせました。広い道路は行政が除雪、狭《せま》い私道《しどう》は自分たちで除雪。これができると、町全体に除雪が行き届《とど》き、生活レベルが向上します。あたりまえのようですが、雪が降っても毎日普通《ふつう》に暮《く》らしていけることが重要なのです。

僕はこうした行政の決断や知恵は、雪国の生活をいとなんでいく上でとても重要だと感じています。もし一度でも行政が個人の家や私道《しどう》の除雪をすれば、それがあたりまえとなります。するとちょっとでも雪が降ると「町はなぜやってくれないのか」と不満に思うようになるでしょう。けれど、人も予算も限られるなか、そうした考え方はもう通用しない時代です。限られた資源をどう有効活用するか。その発想こそが雪国には求められているし、それさえできれば暮《く》らしは大きく変わるはずです。

山あいの地域は雪が多くて暮《く》らしづらいと、たくさんの人たちが雪の少ない場所に移り住んでいきました。けれど、安塚《やすづか》のように行政と住民が一体となって克雪《こくせつ》に取り組んだ地域は雪に強くなり、逆に過ごしやすくなっています。

一方、雪の少ない地域は突然降り出す雪に素早く対応ができません。除雪車を出動させても交通量が多いため除雪が十分できず、さらに、雪道になれない車が立ち往生したりして、いっそう進まない除雪に拍車《はくしゃ》がかかります。雪が少ない分、準備が不足しがちなのです。

雪が大変だからと移り住んでいったのに、いまではむしろ山のほうが雪の心配が少ない。そんな現象《げんしょう》が起きているのは少し皮肉《ひにく》なことです。

雪国は過去の雪国ではない

みなさんは豪雪地帯《ごうせつちたい》と聞くと、「分断《ぶんだん》される、閉《と》ざされる」というイメージがあるかもしれません。けれど、雪が「結びつける」のもまた事実です。

たとえば、安塚《やすづか》では、集落ごとの除雪作業が人と人を結びつけ、地域社会を守ることにつながっています。都会では、隣《となり》に誰《だれ》が住んでいるのか知らないという人も大勢いるようですが、田舎でもだんだん地域の関係が薄《うす》れつつあります。しかし、大きな災害のときにその弊害《へいがい》が現れるように、近所と協力できる関係をふだんからつくっておくことは、重要なセーフティネットになります。その点、安塚《やすづか》では毎年雪が降るたびに、地域が運命共同体となって活動しています。面倒《めんどう》なこともありますが、地域社会がしっかり機能しているのです。これも雪が結びつける力といえるでしょう。

「閉《と》ざされる」というイメージも、いまはもう当たらないと思います。近年、雪を克服《こくふく》するための設備や道具はかなり整いました。雪深い東北や北陸、さらには北海道までが新幹線で結ばれます。高速道路も日本中に網《あみ》の目のようにつながっています。三〇年前、日本海側の豪《ごう》雪地帯《せっちたい》は、「陸の孤島《ことう》」と言われましたが、そんな表現は過去のものかもしれません。これからは雪を利用するための知恵や技術を充実《じゅうじつ》させていくことが大事です。

いえ、その知恵は昔からあるのだとも言えます。

二〇一四年冬、新潟県の中津川流域《なかつがわりゅういき》で大規模《だいきぼ》な雪崩《なだれ》が起き、道路が寸断《すんだん》されて村が孤立《こりつ》するという災害がありました。テレビカメラがやって来て、レポーターが「無理です、ここから先は行けません！」と言い、集落のおばあさんに「ほんとうに大変ですね」などと声をかけています。僕はこの地域に知り合いがいたので、様子を聞いてみました。

「あそこは雪崩《なだれ》が起きやすい。地元の人は危ないのを知っているからそもそも行かないんだよ」という話でした。長年雪と向き合っている人は、土地で暮《く》らす知恵を持っているのです。

そういえば、テレビに出てきたおばあさんは、とりたてて大変そうには見えませんでした。そりゃあそうです。雪国のお年寄りは冬を迎《むか》えるまでにしっかり食料をたくわえているのです。万一孤立《こりつ》しようとも、雪に閉《と》じ込《こ》められても生きていけるように、とびきりおいしい山菜を塩漬《しおづ》けにしてあったり、シカ肉やクマ肉も保存《ほぞん》している。長い経験から、冬を生き抜くための十分な備えがあるのです。

おそらく「これくらいの雪崩《なだれ》、どうってことないがね」と、本心では思っていたでしょう。テレビがそうやって大げさに取りあげるので、やさしく話を合わせてあげていたのかもしれません。

でも、テレビカメラには映《うつ》らない場所で、「雪が多かった年の山菜はおいしい」とか、「雪にあたってアクがとれた」などとおしゃべりしながら、おいしい手料理をのんびり味わっている。そんなおじいさんやおばあさんが、雪国の町や村にはまだたくさんいます。

これからの雪国は、そういう方たちの知恵をもらいながら、新しい雪利用の道を探《さぐ》っていくことも必要でしょう。そんな未来を考えるのは、とても楽しいことです。みんなの知恵を寄せ合えば、雪国の生活はもっと魅力《みりょくてき》的なものに変わっていくはずです。

魚も肉も雪でおいしく

これまで紹介してきたように、雪と食はとても相性がよいものです。その新しい可能性について、もう少しお話をしたいと思います。

まずはサケ。酒ではなく、魚の鮭《さけ》です。鮭《さけ》は、川で生まれて海に下り、最後は産卵《さんらん》するために生まれた川に戻ってきます。これを遡上《そじょう》といいます。しかし、遡上《そじょう》してきた鮭《さけ》はやせて脂肪《しぼう》が抜け、食べてもあまりおいしくありません。

ところが、昔から日本には脂肪《しぼう》が抜けた鮭《さけ》をおいしく食べる文化がありました。それは「塩引き鮭《ざけ》」です。新潟県村上市では、三面《みおもて》川《がわ》に遡上《そじょう》してきた鮭《さけ》に塩をすりこんだあと、水につけて塩抜きし、寒風《かんぷう》にさらして保存食にして鼻の先から皮まで全部いただきます。

塩引き鮭《ざけ》は武家社会の危機管理用の食料《しょくりょう》でした。雪に閉《と》ざされて食べものがないときも、鮭《さけ》が干《ほ》してあるだけでいのちをつなぐことができる。その文化と技術があったのです。現代は手間がかかる塩引き鮭《ざけ》をつくることが難《むずか》しくなっていますが、最新の雪室技術を使えばより手軽につくることができます。

雪室に鮭《さけ》を入れ、雪に空気中の水分を吸着《きゅうちゃく》させながら、低温のまま乾燥《かんそう》を繰《く》り返してできあがった鮭《さけ》は、本家に勝るとも劣《おと》らない味です。ネーミングも塩引きならぬ「雪引き鮭《ざけ》」でいこうと考えています。

すでに商品化していておいしいと評判なのが、雪室貯蔵《ちょぞう》の豚肉や牛肉です。

もともと肉は、屠殺《とさつ》してすぐではなく、しばらく寝かせたほうがいいと言われます。そこで雪室の出番です。雪室の一定の低温と湿度《しつど》の中で肉を寝かせると、酵素《こうそ》が働いて繊維《せんい》がこわれ、肉がやわらかくなります。タンパク質が分解されてアミノ酸《さん》に変わり、うまみも増すことがわかっています。

じつは、この技術をフランス料理のジビエにも使えないだろうかと現在研究中です。ジビエとは、野生の動物の肉のこと。シェフが言うには、フランスでは冬に狩猟《しゅりょう》した獲物《えもの》は雪中にそのまま埋《う》めておき、ある程度時間がたってから取りにいくそうです。そうすればやわらかくなると猟師《りょうし》は経験的に知っているのですが、これはまさに雪室の効果。雪室貯蔵《ちょぞう》でジビエもおいしくなるのではと期待しています。

雪室を利用した食品は、研究や試作をこつこつ積み重ねて、ますますおいしくなってきています。また、雪をエネルギーに変えることは大事な仕事ですが、同時に、その使い道をたくさん用意しておくことも同じくらい大切だと思っています。

いろいろな選択肢《せんたくし》を持っておけば、いざというときに「こういうこともできるよ」と新しい道を示すことができます。雪の可能性をもっと広げ、雪国の産業を盛《も》り立てていきたいのです。と、カッコよく言ってみましたが、食いしんぼうな僕は、雪を使っておいしいものが食べたいという理由も大きいのです！

雪とＩＴの意外な相性

時代の最先端《さいせんたん》を行くＩＴ《アイティー》技術と自然の恵みである雪。対極にあるような両者ですが、じつはこれも食同様に相性がよいと言ったら、みなさんは驚《おどろ》かれるかもしれません。

情報化が進む現在、パソコンのファイルやデータをあずかるデータセンターが全国各地に設置されています。データセンターとは、サーバー（データをあずかるコンピュータ）や通信システムを設置して管理する場所で、広大な空間にコンピュータがずらりと並《なら》んでいます。

家庭用コンピュータも使っていると裏側が熱くなりますが、データセンターはより大きなコンピュータが集まっているので、室内はものすごい熱さになります。しかし、熱がこもると故《こ》障《しょう》の原因にもなるので、部屋を常に冷やさなければなりません。そのため一年中エアコンを使うことになり、電気代がとてもかかるのです。

そこで二〇一五年秋、サーバーを雪で冷やす実証試験《じっしょうしけん》が北海道美唄市《びばいし》で始まりました。この実験は約二〇〇台のサーバーを稼働《かどう》させ、発生した熱を雪で冷やすというものです。電気冷房のデータセンターに比べ、雪冷房なら電力消費は約九割、二酸化炭素（ＣＯ２）の排出《はいしゅつ》量《りょう》も約九割削減《さくげん》できると期待されています。

また、仮に六万台のサーバーを電気冷房で冷やすと年間一五億円かかりますが、雪冷房ならわずか五分の一の三億円でまかなえるとも試算されています。ＩＴ《アイティー》の世界でも、雪冷房は有望な省エネ技術として注目されているのです。

しかも、この実証《じっしょう》試験のシステムを設計したのは、僕の恩師である室蘭《むろらん》工業大学の媚山《こびやま》先生たちのグループ。雪利用の盛《さか》んな北海道ではどんどん新技術が開発され、いつも刺激《しげき》を受けます。

さらにこの施設がユニークなのは、サーバーを冷やすだけで終わらないところです。せっかく大量の熱がコンピュータから一年中放出されるのだから、それを利用して魚介類《ぎょかいるい》の養殖《ようしょく》や野菜工場もできるのでは？　そんなワクワクするような試みが始まったのです。

サーバーの排熱《はいねつ》（捨《す》てられる熱）で魚介類《ぎょかいるい》や野菜を育てるなんて、少し前ならだれも想像もしなかったはずです。けれど、雪で冷やせば電気代の節約になり、出てきた排熱《はいねつ》で野菜を栽培《さいばい》すれば暖房《だんぼう》代の節約になる。ぐるぐる循環《じゅんかん》するエコなシステムが実現しつつあります。今後はさらに雪利用のさまざまなアイデアが広がっていくでしょう。

美唄市《びばいし》では、行政と民間企業と大学が、人と雪エネルギーを本気で結びつけ、地域づくりに活用し始めたことを実感しました。雪エネルギーはようやくここに来て、世の中の大きな流れにマッチしてきたと感じます。技術的にも、行政的にも、時代的にも、雪の利用がパズルのピースのようにぴたりとはまってきました。僕も新潟で本気で雪に取り組んでいこうと、ますます力をもらいました。

〇・二パーセントの雪で発電所一五基分

いま、地球環境は二極《にきょくか》化しつつあります。べらぼうに暑くなったり、とんでもなく寒くなったり、さらには雨も滝のように降って、日本でも洪水が起こりやすくなっています。同じように雪も、とてつもない量が降るようになっています。地球にとってはよくない状況ですが、これをなんとか力でねじ伏《ふ》せようとするのは、人間の浅知恵《あさぢえ》ではないでしょうか。ねじ伏《ふ》せるのではなく、どう共存《きょうぞん》していくかに知恵を使わなくてはなりません。

日本国内に降る雪の〇・二パーセントをエネルギー利用すると、一〇〇万キロワットの発電所一五基分に相当すると富山大学名誉教授《とやまだいがくめいよきょうじゅ》の対馬勝年《つしまかつとし》先生が試算されています。

雪にはそれくらいの可能性があるというのです。逆に言えば、冷やすための機械――冷蔵庫、冷凍庫、冷房――は、それほど大きなエネルギーを必要としているのです。そのために使っている電力を雪エネルギーに変えていけば、日本のエネルギー事情は激変するはずです。地球温暖化で問題になっている二酸化炭素（CO2）の大きな削減《さくげん》にもなります。

目の前にある雪をどう見るのか。いらないゴミと思うのか、豊かな資源と見るのか。雪とともにどう生きるかが問われれています。

この一〇年余りで僕は三〇施設の雪冷房・雪冷蔵システムの設計を手がけてきました。まったく同じものはありません。ひとつひとつていねいに検討《けんとう》を重ね、最適な設計を提案してきました。おかげで、利雪技術も向上し、利用分野も広がりました。

そうした雪利用の現場を積極的に見ていただくことも大事だと思っています。先に紹介したように、雪冷蔵システムを設計した新潟県南魚沼市《みなみうおぬまし》の「八海山雪室《はっかいさん》」は建物も美しく、年間一六万人が訪《おとず》れる観光地になっています。そのため、地元での雪室の認知度《にんちど》は、格段《かくだん》に上がりました。八海山《はっかいさん》雪室を見て雪が役に立つことを知れば、人びとの雪への向き合い方も変わってくることでしょう。

また、雪室のよさを雪国以外の人に知ってもらうことは、これからの課題です。首都圏《しゅとけん》や関西などの大都市から見て雪国が、峠《とうげ》を越え、谷を越え、長い時間をかけて行かなければならない遠い場所ならともかく、実際はトンネルを抜けたらすぐに雪国です。東京からなら、たった三〇〇キロメートルで雪国・新潟なのです。

安塚にある雪室。豊富にある雪を上手に活用していけば、人びとの雪への意識は変ってくる。

日本人は三〇〇キロメートルというと非常に遠く感じるかもしれませんが、アジアやアメリカなど大陸に住んでいる人の感覚ならわずかな距離《きょり》です。僕は、雪国だけではなく、日本全国で雪エネルギーを利用するのも不可能ではないと思っています。もちろん簡単《かんたん》ではありませんが、ロケットで宇宙に行くほど難《むずか》しい話ではありません。

なにより、雪エネルギーの利用施設を増やすことは、原子力発電所や火力発電所を増やすよりよっぽどいいと思います。放射能《ほうしゃのう》は外にもれたらたいへんです。火力発電所から排出《はいしゅつ》される二酸化炭素も地球温暖化の原因となります。でも、夏に雪どけ水が少しくらい流れたって誰《だれ》も怒《おこ》らないと思うのです。

雪が世界を平和にする

日本は世界一の雪エネルギー利用国です。しかも、ここまで紹介してきたものはすべて、メイド・イン・ジャパンの技術。雪国に限られているため、広く知られているわけではありませんが、日本が世界に誇《ほこ》るべきものです。

これまでは除雪のために雪をトラックで運んで捨《す》てて、なんとか雪に立ち向かってきました。けれど、もうそういう時代ではなくなりつつあります。なぜなら、世界でも類のない「雪氷《せっぴょう》冷熱《れいねつ》エネルギー」として、雪の力を国が認《みと》めたからです。

雪を利用している国は、海外にもいくつか見られます。たとえばスウェーデンでは雪冷房の病院がありますが、雪が少ないためスノーマシンで雪をつくったりしています。外気が冷えているため、川の水をくみ上げて噴霧《ふんむ》すると人工的に降雪できるのです。ためた雪は木片《もくへん》でおおい、夏まで保存《ほぞん》されます。おおわれた木片《もくへん》は、冬は燃やされて暖房《だんぼう》にも利用されます。雪を利用することで、夏は冷房、冬は暖房《だんぼう》と上手なサイクルが生まれていますが、人工的に雪をつくるにはどうしても別にエネルギーが必要です。

しかし、日本はわざわざ川の水をくみ上げる必要もなく、降っている雪を寄せるだけでよいのです。これは人が住んでいるところに大量の雪が降るからできることで、また、人がいるからこそ冷たさへの需要《じゅよう》も生まれます。

僕はいま、いろいろなことを夢見ています。雪で、世界中がうらやましくなるような日本をつくれないかと考えているのです。

たとえば雪室を使った「食糧《しょくりょう》バンク」はどうでしょうか。大きなエネルギーを使わず、食べものをよい状態でたくさん保存できれば、気候変動などで飢饉《ききん》になったアジアの国々に貢献《こうけん》できるかもしれません。

僕が食いしんぼうだから言うわけではありませんが、食べものはとても大事です。お金が一番大事という人もいますが、お金ばかりあっても食べものがなかったら？　おなかが満たされなければ、互《たが》いにケンカが始まるでしょう。国と国とのケンカは戦争です。そんなことにならないように、アジアの主食であるお米を貯蔵《ちょぞう》しておくのです。数年たっても新米のおいしさが保たれることは実証済《じっしょうず》み。いざというとき、必ず力を発揮《はっき》するはずです。

大げさに聞こえるかもしれませんが、雪室は世界を平和にする。雪はそれくらいの大きな可能性を秘《ひ》めているし、僕もそのくらいの志《こころざし》を持ってこの仕事を続けていくつもりです。

雪国をカラフルに！

ふだんは雪国に暮《く》らし、ときどき東京などの都会に行くと感じることがあります。それはフアッションのこと。僕がファッションの話をするなんて、友人には笑われるかもしれませんが、けっこう本気で思っていることがあります。

雪国の冬は毎日が長靴です。同じ長靴をはき続けるわけにはいかないので、みんな何足か持っています。ある冬の日、東京に出張したのですが、朝からバタバタしていた僕は、長靴をはいてきてしまったことに気づきました。ハッと思ったときには、もう電車の中。服装はビジネススーツ、でも足元は長靴……。しかも、ズボンのすそを長靴の中に〝イン〟していました。雪国ではあたりまえのスタイルですが、当然ながら大都会・東京では浮《う》きまくりです。

なぜ雪国は長靴なの？　冬でもおしゃれな靴がはきたい！　きっと女性ならよけいに強く思うことでしょう。それならもっと除雪をしっかり、という考え方もありますが、雪国は都会と同じスタイルで勝負する必要はないと思うのです。長靴をおしゃれに変えて、そこに楽しみやセンスを見出せばいいのではないでしょうか。実際、海外の長靴はとてもファッショナブルだし、最近日本でもそうした長靴を見かけるようになってきました。

スキー場が華《はな》やかに見えるのは、みんなのスキーウエアがカラフルだからです。華《はな》やかなウエアを着れば心が浮《う》き立ち、楽しくなります。逆に言えば、雪国ではそういうファッションを楽しむことができる環境でもあるのです。すべては、雪を前向きにとらえることから始まっていきます。

「雪が降ってきたね、大変だね」ではなく「お気に入りの長靴がはけるね」「宝ものが降ってきたね、ありがたいね」と前向きな話をしていきませんか。

電気代が安くなるという理由から雪室に興味を持つのもいいし、雪室食品のおいしさから興味を持つのもいい。きっかけはなんにせよ、雪を利用しようと考える人が増えたなら、雪国に暮《く》らすことはもっと楽しくなるはずです。

雪が降る現実は変えられなくても、雪への意識は今日からでも変えられます。ひとりひとりの意識が変われば、雪国の暮《く》らし全体が変わる。大きな変化はそんな小さな一歩から生まれるのではないでしょうか。そして、みんなの表情が明るくなり、カラフルなウエアのように、雪を使った多彩《たさい》な活動が生まれていくといい。

僕は、雪国から日本を変えていくことができると信じています。

エピローグ――雪国の子どもは、雪のエリートだ！

僕が暮《く》らす安塚《やすづか》を始め、雪国の町や村では過疎化《かそか》や高齢化《こうれいか》がスピードを上げてすすんでいます。雪のない土地へ、都会へと移り住む人が増え、お年寄りしか見かけない地域も多くなっています。そこで暮《く》らす若者の中には、「いつか、こんな雪ばかりの田舎《いなか》、出て行ってやる」と心に決めている人もいるかもしれません。

でも、ここまでお話してきたように、雪はやっかいなことばかりじゃありません。むしろ新しいエネルギーとして、とんでもない可能性を持っている。雪国こそ、これから最先端の地域になるかもしれないのです。

自分が学んできた知識や技術で役に立てるならと、僕はたったひとり雪国・安塚《やすづか》に飛び込みました。そして子どもたちに、都会にあこがれるのもいいけれど、雪が宝だと気づいてほしく

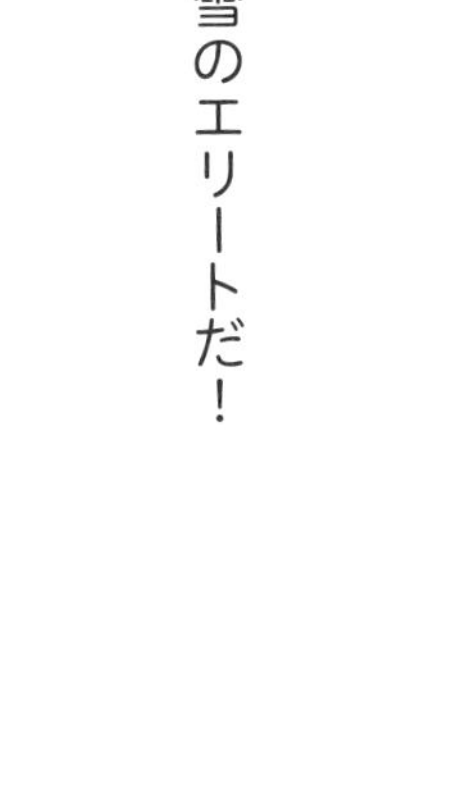

て、これまでたくさん話をしてきました。

「雪が降ってくることは、じつはすごいことなんだよ。スキーができるとか、スノーボードができるとか、そんな単純《たんじゅん》なことじゃない。雪は立派《りっぱ》な資源であり、エネルギー源になるんだ。これから日本を動かしていくのは、たっぷり雪が降る雪国なんだよ。

いまだって、東京の山手線は、新潟の信濃川《しなのがわ》の水力発電で動いていて、その雪どけ水は雪山から流れている。つまり、雪がなければ山手線も動かない。もし雪が降らなくなったら日本はどうなるか、考えてみてほしいんだ」

こんな話をすると、子どもたちの雪を見る目が変わります。いますぐにどうなるという話ではありませんが、雪にはそういう価値《かち》があると知っておくことが大事だと思うのです。

僕が安塚《やすづか》に来て、まず小学校や中学校に雪冷房の導入を考えたのも、子どもたちに雪が資源だと気づいてほしかったからです。そして、雪で快適な環境が生まれることを体感してほしかったのです。

学校の雪冷房は、世界でもまれな設備です。安塚《やすづか》で育った子どもが外に出ていけば、「雪で冷房してるんだよ」「雪で町おこしをしているんだよ」と胸《むね》をはれる。雪で故郷《こきょう》が自慢《じまん》でき、その誇《ほこ》らしい気持ちはこの先もずっとつながっていくはずです。

あらためて考えたら、僕のしている活動とは、最終的には地域づくりなのかもしれません。雪で省エネができたり、二酸化炭素の排出《はいしゅつ》が抑制《よくせい》できたり、おいしい食べものができることも大事ですが、なにより雪国が、雪を利用できる特別な権利《けんり》を持ち、その権利《けんり》を使って明るく豊かになる。次の世代に希望が持てる地域社会になることが重要だと思うのです。

豪雪地帯《ごうせっちたい》に住んでいる日本人は、全人口の二〇パーセント。特別豪雪地帯《とくべつごうせっちたい》に限れば、わずか三パーセントです。雪国の子どもたちは、言ってみれば、生まれながらにして雪の英才教育を受けてきたエリートなのです。

これから目の前にある雪をどう活用し、どう共生していくか。新しい未来を、地域を、ぜひいっしょに考えていきませんか。雪の可能性と同じように、若い君たちの可能性も無限大《むげんだい》なのですから。

著者紹介
伊藤親臣（いとう よしおみ）
雪だるま財団チーフスノーマン（主任研究員）。1971年愛知県出身。室蘭工業大学大学院工学研究科博士後期課程修了。工学博士。
“雪のエンジニア”として世界初となる雪冷房の学校、お米を貯蔵する雪冷蔵倉庫などの「利雪」に取り組む。雪を活用して雪国を元気にすることをライフワークにしている。魚沼市利雪アドバイザー、ディーアイシージャパン株式会社 顧問、にいがた雪室ブランド事業協同組合（越後雪室屋）顧問。新潟県上越市在住。

公益財団法人雪だるま財団
新潟県上越市安塚区（旧・安塚町）が雪を中心とした新しい雪国のあり方を研究・実践するために1990年に設立。都市と農村の交流を推進するなど新しい雪国社会をめざしている。平成16年度新エネ大賞・経済産業大臣賞、地球温暖化防止活動環境大臣表彰受賞。平成25年度地域づくり総務大臣表彰受賞。

空から宝ものが降ってきた！
雪の力で未来をひらく

二〇一六年二月一日　初版第一刷発行
二〇一六年九月一日　第二刷発行

著者――伊藤親臣
発行者――木内洋育
編集協力――菅 聖子
装幀・本文デザイン――根田大輔
イラスト――手塚雅恵
DTP――渡部功司
編集担当――熊谷 満
発行所――株式会社 旬報社
〒一一二―〇〇一五
東京都文京区目白台二―一四―一三
電話（営業）〇三―三九四三―九九一一
http://www.junposha.com/
印刷・製本――シナノ印刷株式会社

ISBN 978-4-8451-1449-8　NDC451